ton
idea original de Elisabetta Dami
Princesas del Reino de la Fantasía de Silvia Bigolin
xto de Silvia Bigolin
de «Los secretos de Yara» de Sara Cimarosti *con las ilustraciones*

Bernardi y Carlotta Casalino
Bruno

ipessa delle Foreste
Helena Aguilà, 2011

enil
laneta.es
fantilyjuvenil.com
om
laneta, S. A.

me S.p.A., Via Tiziano 32, 20145 Milán - Italia
m
lengua española: Editorial Planeta, S. A.
, 08034 Barcelona
© Atlantyca S.p.A., Via Leopardi 8, 20123 Milán - Italia
/ www.atlantyca.com

012

12
: Huertas Industrias Gráficas, S. A.
in Spain

resión de este libro es cien por cien libre de cloro y está
ico.

Textos de Tea Sti
Inspirado en una
Diseño original d
Ilustraciones del t
Proyecto fotográfic
de Silvia Bigolin
Mapa de Carla De
Cubierta de Iacopo

Título original: *Prin*
© de la traducción: I

Destino Infantil & Ju
infoinfantilyjuvenil@p
www.planetadelibrosi
www.planetadelibros.c
Editado por Editorial F

Primera edición: abril de
ISBN: 978-84-08-11150-4
Depósito legal: B. 7.673-2
Impresión y encuadernació
Impreso en España - Printe

El papel utilizado para la im
calificado como **papel ecológ**

Stilton es el nombre de un famoso qu
de Fabricantes de Queso Stilton. Para

Tea Stilton

PRINCESA de los BOSQUES

DESTINO

Personajes

Yara

Yara, la princesa del Reino de los Bosques, es la más joven de las Princesas del Reino de la Fantasía. Tiene dieciséis años y está llena de energía.

Sumati

Cuando separaron a Yara de sus hermanas, Sumati cuidó de ella con amor y dedicación, como una madre. Por eso la princesa la quiere tanto.

Arun

El palacio de Jangalaliana es obra de Arun, el arquitecto-carpintero del reino. Es un hombre esquivo, de pocas palabras, y sus obras también dejan a todo el mundo… ¡sin palabras!

Darany

¡Que empiece el baile! ¡Ha llegado Darany, el músico de la corte! El palacio de Jangalaliana alberga una colección de instrumentos musicales que Darany guarda como un preciado tesoro.

Vannak

Jefe de la tribu Nai-Lai, enemigo del Rey Sabio y de la princesa Yara. Vannak es un joven belicoso y aguerrido, pero su carácter combativo claudicará ante algo más fuerte y más grande…

Lalima

La pantera aterciopelada es la fiel compañera de la princesa. La recogieron en la Selva de los Manglares cuando era un cachorro. Desde entonces, Yara y *Lalima* son inseparables.

Sabio de los coleópteros

En una cabaña situada en las laderas de los Montes Musgosos, vive un viejo sabio vinculado a la tribu Nai-Lai. Es algo huraño, y oculta secretos y poderes misteriosos…

Verdelj

Los rollitos de papiro rellenos de arroz son una de las especialidades de Jangalaliana. Los prepara un cocinero de excepción: *Verdelj*, el gorila de la corte.

Queridos amigos: sé que todo se ha complicado mucho. Pero, como sabéis, en los momentos difíciles es cuando sabemos qué personas merecen la pena. Sé que estáis preocupados por nuestros valientes personajes. Acaban de llegar al Reino de los Bosques para avisar a la princesa Yara y ayudarla a defender lo más valioso que hay en su reino, y ya han empezado los problemas. ¿Vosotros qué haríais si tuvieseis delante un gorila furioso? Yo me moriría de miedo y no sabría qué hacer, pero confío en que Kalea, Samah y Gunnar se las arreglen mejor que yo. Estoy segura de que así será.

Mientras nuestros héroes intentan comprender por qué está tan enfadado el gorila, os recomiendo que miréis a vuestro alrededor: ¿habéis visto alguna vez un bosque tan intrincado? Supongo que no, porque el Bosque Viviente es el más extenso e imponente de los Cinco Reinos. En él hay árboles que llegan hasta los 60 metros de altura, gracias a las abundantes lluvias y al elevado grado de humedad. ¿Veis esas flores blancas? Son maravillosas, ¿verdad? Y muy especiales. Venid conmigo y averiguaréis por qué.

Ahora, observad el sotobosque. Tal vez, entre arbustos, helechos y otras plantas, veáis a las multicolores Mariposas Bailarinas de alas aterciopeladas, y también a una curiosa ave sin cola que parece una gallina. Se llama Tiní y suele recorrer el bosque de noche.

Y hay monos y gorilas, jaguares y leopardos, depredadores que se deslizan con agilidad entre la vegetación y presas que se ocultan en el intrincado laberinto de troncos. Así es que, por favor, tened mucho cuidado…

Ahora volvamos a las princesas y a Gunnar. Los hemos dejado delante del furioso gorila. ¿Creéis que puede ser una trampa del príncipe Sin Nombre? Lo descubriremos leyendo.

Venid conmigo, vamos a escondernos detrás de este tronco. Desde aquí, veremos a nuestros héroes.

Respirad hondo y contad hasta tres.

¡Empieza la aventura!

Tea Stilton

Primera parte

1
Una llegada turbulenta

La luz del sol hendía las copas de los árboles como una cuchilla afilada. Los sonidos del bosque cesaron de golpe; iba a ocurrir algo extraordinario entre los viejos troncos. Samah, Kalea y Gunnar permanecían inmóviles delante de un enorme gorila que había aparecido de repente. Su actitud era bastante amenazadora, y emitía un gruñido bajo pero continuo.

—Yo me ocuparé de él, vosotras alejaos —dijo decidido Gunnar, y dio un paso adelante, pero el animal chilló de un modo espantoso y le impidió continuar.

—Quizá no sea buena idea —sugirió Samah.

—Y ¿qué podemos hacer? —preguntó Kalea.

—Tenemos que averiguar por qué está tan enfadado con nosotros.

—Silencio, he oído algo.

Gunnar aguzó el oído. El ruido siguió; poco después, entre las hojas de una planta de tallo bajo, asomó la cabeza de otro animal. Era un gorila pequeño y parecía asustado. Se debatía, como si quisiera librarse de algo.

—¡Ahora lo entiendo! —exclamó Kalea—. Es una madre que protege a su pequeño.

—Y el pequeño está en apuros —observó Gunnar—. Lo mejor que podemos hacer es…

—¡Dejadme a mí! —intervino Kalea y se dirigió hacia el gorila pequeño.

—¿Qué haces, Kalea? —intentó detenerla Samah—. ¡Es peligroso!

Pero la princesa de los Corales estaba decidida a ayudar a la cría. Su instinto protector siempre la impulsaba a proteger a los seres indefensos.

Gunnar, resignado, se apartó sin dejar de observar a la enorme hembra de gorila.

El animal resopló, inquieto, pero no se movió.

Kalea se puso a gatas para no asustar a la cría, apartó con cuidado las hojas y vio que el pequeño gorila tenía una pata atada a una cuerda.

—¡Ha caído en una trampa! —les dijo a sus compañeros de viaje.

Todos contuvieron el aliento y observaron las manos de Kalea mientras ésta, en pocos segundos, liberaba a la cría.

—Ve, pequeño. Eres libre —lo animó la princesa de los Corales, y lo acarició.

La cría miró a Kalea y frunció los labios con una expresión parecida a una sonrisa.

Antes de adentrarse de nuevo en el bosque, la hembra de gorila se volvió hacia la princesa de los Corales, como si quisiera darle las gracias.

—Has sido muy valiente —dijo Gunnar.

—No puedo remediarlo —respondió ella.

—Estoy orgullosa de ti, Kalea —añadió Samah.

Kalea sonrió. Había desaparecido la tensión y se sentía feliz por tener a Samah a su lado. Muy pronto se reuniría también con Yara. «Detrás de cualquier imprevisto, siempre hay algo bueno. Sólo hay que saber verlo», pensó, con su innato optimismo.

Los tres se adentraron en el bosque, envueltos en luces y sombras que se alternaban como el día y la noche. Tras el encuentro con el gorila, avanzaban más serenos y miraban a su alrededor con admiración.

—¿Lo habéis oído? —Gunnar se detuvo.

—¿El qué? —preguntó Samah.

—Parece… ¡el fragor de una batalla!

—¿Estás seguro? —preguntaron las dos hermanas, sorprendidas al ver que Gunnar tenía un oído tan fino. Lo cierto es que ellas no oían nada.

Pero el príncipe de los Hielos no se equivocaba.

2
En el laberinto de troncos

Los tres viajeros no eran los únicos que caminaban entre los viejos troncos del Bosque Viviente. Alguien más había llegado a los confines del Reino de los Bosques y, en ese momento, andaba con paso firme, mirando en derredor con una tétrica sonrisa.

El hombre no había viajado ni por mar ni por tierra. Un antiguo hechizo lo había llevado al reino de la princesa Yara. No le importaba que la magia estuviese prohibida en los Cinco Reinos; él descendía de una estirpe poderosa y utilizaba a su antojo hechizos y sortilegios.

Pronto, muy pronto, tendría gran poder.

Había ideado un plan perfecto que no podía fallar. No lo permitiría. A través del espejo que tenía en su biblioteca, había observado a todos los habitantes del reino antes de decidir a quién atacaría. Había elegido a un personaje emblemático, un hombre a quien todos respetaban y escuchaban, que inspiraba confianza.

Pero ahora llegaba la parte más difícil: el hombre no iba a cederle su puesto fácilmente. Por eso, igual que había ocurrido en el Reino de los Hielos Eternos y en el Reino de los Corales, él tendría que entrar en sus pensamientos e influir en su voluntad.

Esperaba que no opusiera resistencia. Se acordó del viejo curandero del Reino de los Corales; logró que confiara en él y luego lo hizo prisionero. Ahora permanecería a su servicio para siempre. Y él sería cada vez más fuerte.

—¡Ja, ja! —rió—. ¡Y creía que iba a detenerme! ¡Nadie puede vencerme! ¡Nadie!

En ese momento, una arruga le surcó la frente. Pensó en la expedición al Reino de los Hielos Eternos, donde un gran lobo blanco tuvo la osadía de perseguirlo y atacarlo. Fue un duelo complicado, pero al final ganó y se fue sin dejar rastro.

Instintivamente, miró hacia arriba; sólo se veían trozos de cielo enmarcados por las hojas de los árboles.

En el laberinto de troncos

En sus ojos ardía una luz siniestra, ora de un azul noche, ora de un gris como el de las nubes de tormenta. Luego observó los troncos de los árboles que lo rodeaban. Se sentía más a gusto allí que en ningún otro lugar. El aire cálido y húmedo del bosque compensaba el hielo de su corazón. La vida que bullía a su alrededor contrastaba con la silenciosa inmovilidad de sus días en la corte dormida.

Avanzaba con una calma innatural, propia de quien sabe que nada se le puede escapar, porque todo le pertenece. Su rostro era una máscara imperturbable; su espíritu, un bloque de granito; su corazón, más despiadado que nunca.

Era el príncipe Sin Nombre.

3
Yara, princesa de los Bosques

Aquella mañana, la princesa Yara se despertó cansada y somnolienta. Por la noche le había costado dormirse y había tenido sueños agitados que olvidó al despertar.

El día iba a ser muy complicado. Últimamente, habían ocurrido muchas cosas en su reino, algunas muy dolorosas. Pero ella estaba acostumbrada a enfrentarse a las dificultades y no pensaba desanimarse ni darse por vencida.

Se levantó. Todavía en camisón, hizo unos ejercicios de concentración, un sistema infalible para relajarse tras los sueños turbulentos. Luego se miró al espejo colgado en la pared de madera. Se vio muy seria, sacó la len-

gua y se echó a reír. Se acercó a una montaña de ropa abandonada sobre un sillón de madera y paja y eligió un pantalón ancho de algodón azul cobalto y una casaca fina de manga corta.

—¿Tú que dices, mi querida, *Lalima*? ¿Crees en realidad que lo conseguiremos? —preguntó la princesa, y acarició suavemente a su mejor amiga, una pantera de pelaje negro como la noche.

El felino le frotó la cabeza contra la cadera de la princesa Yara, asintiendo.

Mientras *Lalima* se desperezaba como un gato gigante, Yara abrió un cofre hecho con hojas prensadas y sacó de él una pulsera, unos pendientes y un collar

que le regaló su estimado padre cuando todavía era una niña. Era una gargantilla con motivos florales y figuras de animales grabados. Para la princesa de los Bosques, era un talismán, y sólo se la quitaba para dormir.

—Nos espera un entreno muy duro, mejor dicho, durísimo. Pero antes debemos ir a hablar con los centinelas del turno de noche.

Yara cogió el arco, se colgó el carcaj al hombro y abandonó la habitación, dejándola en el desorden «creativo» que siempre presentaba.

Salió corriendo y llegó a un espacio circular. Las paredes eran de madera y el suelo de hojas trenzadas. Había varias puertas de madera tallada con grandes ventanas que dejaban penetrar la luz. El pavimento era un extraordinario mosaico de piezas de corcho que formaban el escudo del palacio real: un majestuoso árbol que hundía las raíces en el centro de la tierra y cuyas ramas llegaban a las nubes.

El palacio de Jangalaliana estaba construido sobre ramas de árboles. Constaba de cuatro partes, comunicadas por pasarelas suspendidas en el aire.

Yara salió de la zona de los aposentos reales y corrió por la pasarela de madera, que osciló peligrosamente bajo sus pies. Aspiró el aire húmedo de la mañana y agu-

zó el oído, esperando oír el sonido de los tambores y el fragor de la batalla. Pero no oyó nada. Soltó un suspiro de alivio.

Dos loros multicolores, encaramados a la barandilla de la pasarela, la saludaron alegremente:

—¡A vuestros pies! ¡A vuestros pies! —dijo el primero, muy grande y con un maravilloso plumaje de color azul eléctrico.

—¡Prrrinceesa! ¡Prrrinceesa! —añadió el segundo y sacudió sus plumas rojo fuego con tintes verdes.

—¡Buenos días, *Ahi* y *Tahi*! —replicó Yara e inclinó la cabeza.

Le gustaban mucho los loros y se divertía enseñándoles palabras nuevas, pero aquella mañana tenía mucho que hacer y fue directa a la sala del trono, situada en la parte central del palacio.

La pantera, *Lalima,* siguió a su dueña con paso

silencioso, hasta una puerta de madera oscura con el escudo de Jangalaliana grabado. Al otro lado, la aguardaban veinte monos guardianes.

Yara, la princesa del Reino de los Bosques, los observó desde el umbral, esperó unos instantes, respiró hondo y entró, esperando recibir buenas noticias.

4
Una decisión necesaria

amah y Kalea recorrían el bosque. De pronto, la princesa del Desierto dijo:

—No sé si vamos en la dirección correcta...

Kalea y Gunnar se asustaron; hasta ese momento, Samah los había guiado entre la espesa vegetación. ¿Y si se había equivocado?

—Creía que sería más fácil orientarse en el bosque —suspiró Samah.

—Comparado con el desierto, esto tendría que ser un paseo —objetó Gunnar.

—En el desierto, las estrellas y el sol indican los puntos cardinales —explicó Samah—. En cambio, aquí casi no se ve el cielo.

—¿Quieres decir que avanzamos… a ciegas? —inquirió Kalea, preocupada.

—No, no —respondió Samah—. Estoy intentando recordar el mapa del Reino de los Bosques, pero no es fácil… Lo vi hace tiempo y el recuerdo es confuso, pero si la memoria no me falla, el palacio de Jangalaliana queda al norte de la gruta con el pasadizo secreto.

—¿Y cómo puedes estar segura de que esto es el norte? —preguntó Kalea, señalando hacia delante.

—Me guío por el musgo y por la posición de las sombras en el suelo.

—¿Crees que funcionará?

Mientras Kalea expresaba su preocupación, Gunnar resolvió decirles a las princesas lo que se le había ocurrido.

—Disculpad que os interrumpa, pero deberíamos hablar de algo importante.

Samah lo comprendió al instante. Se paró en seco y lo miró con expresión muy seria.

—Estás pensando que nos separemos, ¿verdad?

—Sí —respondió Gunnar y bajó la vista—. También podríamos llegar a Jangalaliana y separarnos después de avisar a Yara. Pero el tiempo apremia. El príncipe Sin

Nombre actúa impunemente y tenemos que pararle los pies. No podemos darle más ventaja. Es mejor que nos despidamos ahora.

—¿Tú volverás al Reino de los Hielos Eternos? —preguntó Samah.

—Sí, llevo demasiado tiempo fuera. El príncipe no pudo robar la estrofa de vuestra hermana, pero lo intentará de nuevo. No puedo dejar a Nives a la merced de un hombre sin escrúpulos.

—Tienes razón, Gunnar. Debes volver a su lado.

—¿Y nosotras? —preguntó Kalea.

Samah se acercó a su hermana y le cogió la mano.

—Kalea, ya hablamos de ello, ¿recuerdas? Tú irás a Arcándida con Gunnar. Con él estarás segura.

—¿Y no podré ver a Yara?

—Compréndelo, Kalea. Es un momento difícil. Yo avisaré a Yara del peligro mientras vosotros…

—¿No crees que yo podría ser útil aquí? —la interrumpió Kalea, esperanzada.

—Hazme caso, hermanita. Lo mejor es que vayas con Gunnar.

La princesa de los Corales bajó los ojos para ocultar las lágrimas que estaban a punto de saltársele. Sabía que su hermana Samah tenía razón, pero sintió un profundo

dolor al pensar que iban a separarse otra vez por tiempo indefinido.

—Samah, ¿te ves capaz de seguir sola? —le preguntó Gunnar.

Ella lo miró muy seria. Eran tiempos difíciles: primero, la llegada del príncipe Sin Nombre, luego, la desaparición de su prima Daishan y el robo de la estrofa de la Canción del Sueño. Aunque, a decir verdad, los problemas le habían dado mayor fuerza y valor.

—No te preocupes por mí —dijo, y esbozó una sonrisa—. Sé cuidarme.

—Está bien —respondió Gunnar—. Nosotros vamos a buscar el pasadizo para volver a Arcándida.

—Está en el Lago Infinito. Creo que está al sud de Jangalaliana, es decir, al este de aquí.

—Espero que lo encontremos —comentó Gunnar, escrutando el bosque, que se alzaba ante ellos como una barrera infranqueable.

—Podríamos seguir juntos un rato más —propuso Samah—. Y, cuando la vegetación empiece a clarear, nos separamos.

—De acuerdo.

Luego, la princesa del Desierto le dijo a Kalea:

—Ya verás, pronto volveremos a vernos.

—¿Me lo prometes?

—Te lo prometo, hermanita.

5

Un grave problema

En la sala del trono, estaban reunidos los monos de Jangalaliana, guardias reales del Reino de los Bosques. Eran más de cien, estaban bien adiestrados y eran leales a la princesa Yara, pues cumplían un antiguo juramento que le habían hecho al Rey Sabio. Eran ágiles y rápidos, astutos e imprevisibles. Todos llevaban un cordón rojo con un colgante de madera en forma de sección de un tronco. Al final de cada año de servicio en la guardia real de Jangalaliana, añadían un círculo rojo al colgante, del mismo modo como los anillos señalan la edad de los árboles.

Aquella mañana, delante de Yara había veinte monos guardianes. Parecían cansados, con los ojos enrojecidos

y pequeñas heridas en el cuerpo. Pero ninguno se quejaba y todos mantenían la cabeza inclinada en señal de respeto a la princesa.

—Descansad —ordenó la princesa de los Bosques, en pie delante de ellos.

Los guardias obedecieron.

Un grave problema

La sala del trono, igual que el resto de estancias del palacio, no era muy grande. No podía compararse con los salones de Arcándida, relucientes de hielo, ni con los espacios abiertos de Flordeolvido, que daban al Mar de las Travesías, ni con la belleza arquitectónica de Rocadocre, situado en el soleado Reino del Desierto. El palacio de Jangalaliana reflejaba el carácter del Reino de los Bosques: pequeño, recogido y en perfecta armonía con la naturaleza que lo rodeaba.

La sala del trono tenía el techo bajo y en las paredes de madera había amplias ventanas que daban a la jungla. El suelo estaba cubierto de alfombras de colores que representaban escenas de la vida del reino; eran de algodón y de una fibra vegetal extraída de la *Filea Telante*, una planta que solamente crecía en el Bosque Viviente.

Delante del trono, construido con un tronco, había mullidos cojines de muchos colores. El ambiente emanaba la misma sencillez y naturalidad que la princesa Yara, poco acostumbrada a lujos, oropeles y formalidades.

En las audiencias y actos públicos, su carácter la impulsaba a sentarse entre su gente. No le gustaba permanecer rígida en el trono, frente a su pueblo. El valor y la autoridad de una princesa no dependían de un asiento

adornado. Y sentarse en el trono la hacía sentir lejana, distante.

Yara sonrió. Su madre, muy estricta con las normas de la corte, la habría regañado, pero ahora ya no estaba y quien gobernaba era Yara. No le resultaba fácil, pero intentaba hacerlo lo mejor posible.

Los monos levantaron la cabeza. Uno de ellos dio un paso adelante.

—¿Cómo ha ido la noche? —preguntó Yara—. Creo que habéis tenido que luchar.

El mono asintió.

—¿Los Nai-Lai no van a calmarse?

El centinela negó con la cabeza.

A la princesa le cambió el semblante. Los monos la miraron con una expresión de dolor y, a la vez, de preocupación.

—Encontraremos una solución.

Los centinelas de la guardia real la observaban, a la espera de nuevas órdenes.

—Ahora id a descansar. La noche ha sido larga, pero os prometo que será una de las últimas. Os agradezco vuestra lealtad y valentía.

Por último, la princesa animó a los guardias con una sonrisa luminosa. A pesar de todo, se sentía optimista.

Los monos salieron ordenadamente y en silencio de la sala. La princesa Yara se quedó a solas con sus pensamientos. Llamó a su apreciada pantera *Lalima* y le acarició el pelaje suave y espeso.

—Vamos, *Lalima*. Tengo que empezar a entrenar. Estoy segura de que hay una solución.

6

Querida Sumati

Fuera de la sala del trono reinaba un silencio irreal. Normalmente, a esa hora, la corte estaba en plena actividad, pero aquella jornada el ambiente era estático, como si todo se hubiera detenido.

La princesa Yara iba a ir a ver qué ocurría cuando de repente se encontró a Sumati, la persona a la que se sentía más unida después de la separación de su familia. Sumati era como una madre para ella, una hermana y una amiga, su confidente y su mayor apoyo en los momentos difíciles.

Era una mujer de grandes ojos color avellana y una melena castaña con unos reflejos ambarinos insólitos en

el reino, cuyos habitantes solían tener los ojos y el cabello negro y la piel oscura. Según decían, la madre de Sumati, que murió cuando ella era niña, procedía de un reino lejano. Sumati era muy joven cuando aceptó la tarea de educar a la princesa del Reino de los Bosques. Y puso en ello todo su empeño, así como todo su afecto y dedicación.

Tal vez por eso no se había casado.

—¡Buenos días, estimada Yara! ¿Ya has podido hablar con la guardia real?

—¡Buenos días, Sumati! Sí, ya he hablado y hemos terminado pronto. Los guardias estaban agotados…

—Tú también tienes aspecto cansado.

—En realidad, anoche no podía dormir.

—¿Tú? —preguntó Sumati, pensando en la proverbial capacidad de la princesa Yara para dormir profundamente en cualquier sitio—. ¡Qué raro!

—En cuanto desayune alguna cosa, estaré como nueva.

Pero la luz de su rostro desapareció de inmediato. Adoptó una expresión atenta y concentrada.

—Oye, Sumati, ¿por qué hay tanto silencio? —preguntó la princesa Yara.

—Oh… aquí, en la corte, todos están intranquilos por las continuas escaramuzas con los Nai-Lai. Además, esta mañana, los guardias han regresado más tarde de lo habitual y todos están preocupados.

—Los Nai-Lai nos dan muchísimos quebraderos de cabeza —comentó Yara.

—Ahora ven conmigo —propuso Sumati, alegre—. Estoy convencida que todo volverá a ser como antes. No te preocupes.

Y, canturreando una melodía muy alegre, se dirigió a la cocina, seguida de Yara y *Lalima*.

Mientras la pantera se bebía el jugo de un coco partido por la mitad y Sumati mondaba una fruta roja, la princesa Yara apoyó los codos en la encimera y empezó a pensar.

—¿Qué te pasa, pequeña? ¿Te preocupa algo, además de los Nai-Lai?

—No me los quito de la cabeza. En mi reino hay cinco tribus; cuatro me quieren y me respetan…

—Porque eres una princesa justa.

—¿Y por qué me odian tanto los Nai-Lai? —preguntó Yara muy preocupada.

—Mira, Yara, los Nai-Lai son un pueblo belicoso y hostil que tampoco se llevan bien con las otras tribus. Viven apartados, aislados.

—Pero ¿no podríamos vivir todos en armonía y no en guerra? ¡Es algo tan insensato!

—Como ya sabes, su antiguo jefe era un hombre muy cruel, fiel al Viejo Rey. Se pasó la vida intentando transmitirles a sus hombres su sentimiento de hostilidad hacia tu padre, el Rey Sabio, y también hacia ti, que eres su heredera.

Yara miró a Sumati con expresión consternada. No comprendía que los Nai-Lai fueran leales al Viejo Rey, un tirano cruel que oprimió el Reino de la Fantasía y cometió terribles delitos. Sometió a su pueblo a tantos sufrimientos que, al final, sus súbditos se sublevaron para expulsarlo, guiados por un valiente caballero. Ese hombre intrépido que derrotó al tirano y llevó la paz al reino era el Rey Sabio, el padre de Yara, un hombre justo a quien todo el pueblo adoraba, o casi todos. Porque los Nai-Lai nunca reconocieron su autoridad y se obstinaron en seguir siendo fieles al antiguo monarca.

Yara no comprendía a esa tribu tan testaruda. Y tampoco lograba aplacar su rabia contra el Viejo Rey, que había sido el causante de la separación de toda su familia.

La mente de la princesa voló muchos años atrás, cuando su padre la sentó sobre sus rodillas y le dijo algo que a ella le costó entender. Recordó haber sentido asombro y tristeza. Y recordó también el abrazo de su padre para consolarla de su llanto, y el despertar angustioso del día siguiente, cuando Sumati la acarició y le susurró que sus padres y sus hermanas se habían marchado.

Yara suspiró.

Para asegurarse de que un poder tan grande jamás volviera a caer en manos de un tirano, su padre dividió el reino en cinco partes y se las confió a sus cinco hijas.

Así, las princesas vivirían alejadas, sin verse, a menos que un peligro grave amenazara los Cinco Reinos.

Todo eso lo descubrió Yara al crecer.

Y también descubrió que el Viejo Rey tuvo un destino singular: por efecto de un hechizo, él y su corte cayeron en un sueño eterno.

De ese modo, el Rey Sabio logró detenerlo sin tener que matarlo. Después les entregó a sus hijas las estrofas del hechizo, grabadas en cinco láminas de plata. Eran versos poderosos y terribles, que debían permanecer en secreto. Si alguien conseguía reunirlos con malvadas intenciones, ocurrirían nuevas desgracias en los Cinco Reinos y el sonido de las espadas entrechocando volvería a oírse en el Reino de la Fantasía.

Yara cerró los ojos, asustada.

«Hay que ir paso a paso —se dijo para calmarse—. Lo primero es acabar con la rebelión de los Nai-Lai.»

—Todo se arreglará —la animó Sumati, como si le hubiera leído el pensamiento—. El odio consume y destruye a quien lo alimenta.

Yara asintió y cogió de las manos de su amiga un cuenco con un zumo espumoso, néctar de Ágata Estrellada, una fruta ligeramente áspera, que aportaba vigor y energía.

Cuando la princesa Yara terminó de beber, Sumati no pudo contener la risa.

—¿De qué te ríes?

—Mírate.

La princesa Yara salió de la cocina y observó su imagen reflejada en un gran espejo. Era bastante cómica: el

zumo espumoso le había dejado un bigote rojo sobre los labios.

Yara volvió a la cocina y se echó a reír. Por un momento, sus preocupaciones desaparecieron junto con su bigote rojo.

7
Cada uno por su camino

Los tres viajeros avanzaban lentamente por el intrincado Bosque Viviente. Tras haber tomado su decisión, se sentían más vulnerables, porque, una vez estuvieran separados, tendrían que afrontar su destino sin el apoyo del grupo. Y no sabían qué les esperaba.

Samah guiaba la expedición, seguida por Kalea y Gunnar. No hablaban, aunque, sin saberlo, los tres albergaban el mismo propósito: llegar antes que el príncipe Sin Nombre.

Gunnar también pensaba en su adorada Nives. Tras prometerle amor eterno, se había tenido que ir y estaba impaciente por reunirse de nuevo con ella. Sin embar-

go, una extraña y angustiante sensación lo inquietaba; sabía que el príncipe Sin Nombre tramaba su venganza y era posible que en ese instante estuviera allí mismo, oculto entre los árboles, esperando el momento oportuno para atacar.

El pequeño grupo llegó a una zona del bosque muy distinta a la que habían cruzado. Había menos troncos y menos vegetación, la luz que se filtraba a través de las copas de los árboles se difundía con nitidez y los colores eran más brillantes.

—Creo que ha llegado el momento —dijo Samah y se detuvo.

Gunnar y Kalea miraron hacia delante. Los troncos de dos árboles grandes estaban entrelazados el uno alrededor del otro, como en un abrazo, y habían crecido así hasta llegar a las copas.

Impresionada por aquel prodigio de la naturaleza, Samah se acercó a su hermana, le cogió con dulzura las manos y dijo:

—Kalea, separémonos delante de estos árboles que se abrazan. ¡Es el mejor augurio que podemos desear en este momento!

Kalea, muy conmovida por aquellas palabras, fue incapaz de responder.

—Tienes que ser muy fuerte, hermanita —la animó Samah—. Estoy segura de que volveremos a abrazarnos en un abrir y cerrar de ojos.

Kalea sonrió entre lágrimas. Era la frase que solía decir su madre antes de alejarse de palacio durante breves períodos. Pero un día no la dijo, y no regresó a casa.

La princesa del Reino de los Corales se secó rápidamente las lágrimas.

—Estarás orgullosa de mí, Samah —dijo, con la voz rota por la emoción—, te lo prometo.

—Ya lo estoy.

Luego, Samah se despidió de Gunnar.

—Es un momento difícil. Ese hombre es malvado y resuelto, pero lo conocemos bien y vamos a detenerlo.

El príncipe de los Hielos vio una especie de relámpago en los ojos de Samah. La princesa del Desierto era valiente, fuerte y combativa, y lo era por las adversidades a las que se había enfrentado en su vida. Reconoció en ella el temperamento de su Nives, aunque más consciente y maduro.

—Tu fuerza me impresiona, Samah, parece que nada ni nadie puedan detenerte —dijo Gunnar—. Lucharemos juntos para salvar los Cinco Reinos.

Samah asintió y, sin decir nada más, dio media vuelta y se adentró en el bosque, esperando encontrar en seguida el palacio real de Jangalaliana.

No le gustaban las despedidas, ya había soportado demasiadas en su vida. Además, en el fondo de su corazón, estaba convencida de que aquello solamente era un «hasta pronto».

8
Camino del lago

Para la princesa Kalea, separarse de Samah había sido tan difícil como dejar Flordeolvido y a sus seres queridos. Mientras caminaba detrás de Gunnar, aspirando el aire del Reino de los Bosques, pensó en lo distinto que era aquel aire del de sus islas. En realidad, todo era distinto: el bosque verde y espeso, caótico e intrincado. El fuerte olor a tierra mojada y a corteza de árbol le evocaba las esencias, a base de sándalo y pimienta, que mezclaba su amiga Tiaré para crear perfumes insólitos y maravillosos.

Estaba triste, pero intentaba contenerse para no preocupar a Gunnar. Aunque éste debió de intuir su estado de ánimo, porque se volvió hacia ella para tranquilizarla.

—Kalea, sé que estás triste, pero debes tener confianza. Pronto te reunirás con tus hermanas, ya lo verás.

Ella sonrió. Gunnar era un hombre de pocas palabras, pero sabía percibir el espíritu de las personas a través de sus gestos y pensamientos.

—¿Crees que todavía falta mucho? —le preguntó poco después.

—No sabría decirlo. No conozco las distancias, pero algo me dice que estamos cerca.

En realidad, anduvieron dos horas más. Aún había luz, pero pronto oscurecería. Tenían que darse prisa, porque de noche todo sería más complicado. Gunnar estaba preocupado por Kalea, que no parecía estar muy bien.

—¿Te ves capaz de acelerar el paso? —preguntó.

Kalea lo hizo, parecía que sus pies desnudos apenas rozaran la tierra blanda del bosque.

—¡Ay! —se quejó de pronto.

Se le había enganchado la falda en un matorral espinoso y tenía un arañazo en la pierna.

—Déjame ver —dijo Gunnar, preocupado.

—No es nada —respondió ella, poniéndose saliva en la herida. Lo había aprendido del valiente Purotu, a quien consideraba un hermano. Una mañana, el chico

se había herido con una concha. Estaban en la Isla del Sol, entre las dunas de la Playa Dorada. ¿Cuánto tiempo había pasado desde aquel día de verano?

A Kalea le parecía una eternidad. Se esforzó por contener un suspiro.

—Ánimo, tenemos que seguir andando —concluyó Gunnar, muy resuelto.

Los dos viajeros avanzaban muy concentrados y absortos en sus pensamientos y no notaron que alguien los seguía.

9
El anciano del bastón

La princesa del Desierto avanzaba, sin descanso, a buen paso. Esperaba llegar pronto a Jangalaliana, pero las horas pasaban e iba perdiendo la confianza. Todos los lugares le parecían iguales: árboles, matorrales, subidas y bajadas. Le costaba muchísimo encontrar puntos de referencia. Empezó a pensar que tal vez se había desviado hacia el este o hacia el sur. Sabía que era muy fácil perderse en aquel laberinto.

La luz era cada vez más tenue. La princesa Samah quiso acelerar el paso antes de que cayera la noche, pero el cansancio podía mucho más que ella. Le pesaban las piernas y le dolían los ojos de tanto escrutar entre la espesa vegetación. Lo último que quería era pasar toda la

noche en el bosque, entre depredadores, serpientes y otros peligros.

Con todo, decidió parar un instante para recuperar fuerzas. Se sentó, apoyó la espalda contra un tronco y cerró los ojos.

«Sólo preciso un momento», se dijo, pero se durmió profundamente.

~*~

Entre tanto, Gunnar y Kalea también empezaban a perder las esperanzas. Llevaban horas andando y no había ni rastro del Lago Infinito. El cielo estaba cada vez más oscuro. Se preguntaron si Samah se habría equivocado al indicarles la dirección de ese lago que comunicaba con el pasadizo que los llevaría hacia el Reino de los Hielos Eternos y luego abandonaron ese pensamiento, que sólo los hacía sentir más desconsolados.

De repente, la princesa de los Corales se detuvo a tomar aliento. Empezaban a dolerle los pies y la herida de la pierna le escocía mucho.

—Tengo que parar, Gunnar.

Kalea se sentó sobre una raíz muy retorcida que sobresalía de la tierra blanda y cubierta de musgo. La observó con atención: le recordaba un tentáculo gigante de pulpo.

—Tal vez encontremos algo que te alivie —la tranquilizó Gunnar.

El príncipe de los Hielos Eternos inspeccionó varios árboles, eligió uno y se sacó un cuchillo del cinturón. Lo clavó en el punto donde la rama se unía al tronco. Debía de ser una madera muy dura, a juzgar por los esfuerzos y resoplidos de Gunnar.

Tras unos minutos, del corte brotó una sustancia rojiza.

—¿Qué es eso, Gunnar? —preguntó Kalea, impresionada.

—Es resina, se llama Sangre de Dragón. Te aliviará en seguida.

—¿Cómo sabes todo esto? —se sorprendió ella gratamente.

—Por los días que pasé con el bibliotecario Haldorr y con Helgi, el jardinero de Arcándida.

—Haldorr sabe muchísimas cosas. Y tú también, por lo que veo.

—La mayoría las aprendí cuando era lobo.

—¡¿Quééé?!

—¿Nunca te he contado mi historia? —sonrió sutilmente Gunnar.

—Pues no…

—Hace muchos años, cuando era un muchacho, unos malhechores me dejaron moribundo. Conseguí salvarme gracias a la ayuda desinteresada de una mujer, la guardiana de un volcán. Se llamaba Alifa, y me ofreció salvarme la vida a cambio de transformarme en lobo.

—Pero ¿cómo es posible? —preguntó Kalea, estupefacta.

—Alifa conocía las artes mágicas. Gracias a un hechizo, me devolvió la vida y cambió mi cuerpo por el de un lobo.

—¿Y cuánto duró el hechizo?

—Pues, no lo sé, lo suficiente para que pudiera conocer la naturaleza, los animales y las leyes por las que se rigen.

—¿Y luego?

—Entré en la guardia de lobos de Arcándida, al servicio de tu hermana Nives. Ella me salvó la vida… ¡por segunda vez!

—¿En serio?

—Luché con el príncipe Sin Nombre, que me hirió gravemente. Cuando me vio, Nives creyó que me estaba muriendo; lloró, sus lágrimas rompieron el hechizo y volví a ser un hombre.

—¡Qué historia tan romántica! —exclamó Kalea, olvidando la herida y el cansancio.

Gunnar permaneció en silencio. Hablar de sus sentimientos siempre lo cohibía.

Curó a Kalea, volvió junto al árbol, se agachó y cavó cerca de las raíces. Cuando llegó a la capa de cieno, cogió un puñado y lo extendió sobre el corte que le había hecho a la corteza.

—¿Y eso para qué sirve?

—Para curar la herida que le he hecho en el tronco.

—¿El árbol nos cura a nosotros y nosotros a él?

—Exactamente.

De pronto, un ruido los sobresaltó.

Gunnar miró a Kalea a los ojos, luego se volvió despacio. Delante de ellos apareció una figura como por arte de magia.

El príncipe de los Hielos Eternos y la joven Kalea miraban aquella silueta oscura estupefactos. Nunca habrían imaginado que iban a encontrarse a una persona

en plena jungla, y no estaban del todo descontentos con la inesperada aparición.

La figura se acercó. La luz, cada vez más débil, solamente la iluminó cuando se encontraba a pocos pasos de ellos. A juzgar por las arrugas que surcaban su rostro, se trataba de un hombre anciano. Llevaba ropas sencillas y pobres. Le costaba andar y se apoyaba en un bastón. Observó a los dos viajeros con unos ojos oscuros y muy brillantes, que resaltaban en su rostro enjuto y afilado.

—¿Quiénes sois? —les preguntó con amabilidad.

—Estamos buscando el Lago Infinito —contestó Kalea, y se puso en pie—. ¿Sabríais decirnos dónde está?

Gunnar le lanzó una mirada de reproche. La princesa Kalea era muy ingenua y se fiaba demasiado de las personas. No sabían quién era aquel hombre y Gunnar había aprendi-

do que, tras unos modales amables, no siempre hay buenas intenciones. Por eso, él habría preferido no revelarle su meta a un desconocido. Pero ya era demasiado tarde y había que seguir el juego.

—Me llamo Gunnar y ella es… Kalea —dijo el príncipe de los Hielos Eternos—. ¿Podéis indicarnos el camino, si lo conocéis?

—Encantado de conoceros, Gunnar y Kalea —respondió el hombre con una extraña sonrisa.

Gunnar observó al anciano, pero no consiguió descifrar su inquietante expresión.

Decidió no preocuparse, al menos de momento, y esperar a que él les dijera algo de sí mismo.

Pero no lo hizo.

—Seguidme, os llevaré hasta el lago —propuso el anciano, sin volverse—. No sé si sois valientes o imprudentes por poneros en camino sin un guía. Estos lugares pueden ser muy peligrosos.

Gunnar esperaba que no hubieran caído en una trampa.

—Hemos tenido suerte al encontraros —contestó el príncipe de los Hielos Eternos, como si quisiera convencerse de las buenas intenciones del desconocido. Antes de bajar por completo la guardia, esperaba haber llegado a su destino.

Kalea, temerosa tras la mirada que le había echado Gunnar poco antes, guardaba silencio. A veces, su compañero de viaje era muy brusco. Tal vez, en determinadas circunstancias, su naturaleza de lobo se imponía a su parte humana.

La princesa de los Corales esperaba de todo corazón que la desconfianza de Gunnar hacia el desconocido resultara infundada.

10
El Lago Infinito

Cuando vieron el lago detrás de la barrera de troncos que lo rodeaba en un verde reluciente, Gunnar y Kalea suspiraron aliviados. El anciano no los había engañado: el Lago Infinito apareció ante sus ojos en todo su esplendor.

—Ya hemos llegado —dijo el hombre y señaló con su bastón el espejo de agua.

Era maravilloso, rodeado de árboles majestuosos, helechos enormes y todo tipo de plantas, que se reflejaban en la superficie lisa como personajes de una antigua corte.

Kalea y Gunnar lo observaban fascinados.

—Muchísimas gracias —dijo la princesa.

—¿Y ahora qué vais a hacer? Ya casi es de noche y necesitáis un lugar para dormir.

—No os preocupéis por nosotros. Dormiremos en cualquier sitio.

El viejo miró con aire inquisitivo a Gunnar y luego a Kalea.

—¿Estáis seguros?

La pregunta pareció caer en el vacío.

—Permitid que os demos las gracias —dijo Gunnar, para cambiar de tema—. De no ser por vos, nos habríamos perdido.

El anciano contrajo los músculos faciales y, por un instante, se le marcó una arruga en la frente.

—¿Puedo preguntaros por qué estáis aquí?

—Porque nos lo ha pedido la princesa Yara —improvisó Gunnar. No habría sido prudente revelar sus verdaderas intenciones.

—Comprendo.

—Pues bien... —intentó despedirse Gunnar.

El hombre captó rápidamente el mensaje y no hizo más preguntas.

—Si no me necesitáis para nada más, os dejo. ¡Buena suerte!

—Gracias de nuevo —dijo Kalea.

El anciano dio media vuelta apoyándose en el bastón, se dirigió hacia el bosque y, a los pocos segundos, desapareció en la oscuridad.

—¡Qué hombre tan amable! —comentó Kalea, muy serena.

Gunnar asintió, pero era evidente que no estaba tranquilo.

—Y ahora ¿qué hacemos? —preguntó ella.

—Tenemos que buscar el pasadizo. Puede que esté en el fondo del lago, pero con tan poca luz no podemos ver si es muy profundo.

—¿Vas a meterte en el agua?

—No tengo más remedio.

Gunnar observó el lago un instante y después se zambulló. Kalea lo vio desaparecer bajo el agua y rogó que todo fuera bien. Se acordó de Purotu, de las veces que lo había seguido con la mirada mientras se sumergía en las profundidades del Mar de las Travesías. Los abrazó a él y a Naehu con el pensamiento y deseó verlos muy pronto.

Al cabo de un rato que a Kalea le pareció interminable, Gunnar asomó la cabeza.

—¡Lo he encontrado! —exclamó el príncipe—. ¡Ven, está aquí!

Kalea se acercó, buscó un lugar accesible en la orilla y entró en el agua. La temperatura del lago era agradable, le recordó la de su mar. La princesa empezó a nadar y metió la cabeza bajo el agua, incapaz de resistirse a ese elemento que le resultaba tan familiar. Dio unas brazadas, alcanzó a Gunnar y tocó el fondo con los pies. Ya no le dolía nada, ni le escocía la herida. Dentro del agua se sentía renacer.

—Te brillan los ojos —observó él.

—El agua siempre me da serenidad —respondió la princesa, con una sonrisa luminosa.

—Ahora, contén la respiración y sumérgete detrás de mí. Aproximadamente a un metro y medio de profundidad hay una especie de apertura. No es muy ancha, pero creo que podremos entrar. Si es el pasadizo que buscamos, nos llevará directamente al Reino de los Hielos Eternos.

Sólo hubo un momento de incertidumbre en su voz.

—¡Anda, vamos! —asintió Kalea.

Gunnar se llenó los pulmones de aire y se sumergió. Ella hizo lo mismo y lo siguió, nadando en la oscuridad. El pasadizo estaba muy cerca y era fácil acceder a él. La princesa entró, nadó detrás de Gunnar unos diez metros y, de pronto, sus dedos tocaron la roca.

Llevaban un minuto nadando cuando el agua empezó a disminuir dentro de la cavidad. El nivel bajó gradualmente, hasta que el lugar se quedó vacío; tras recobrar el aliento, los dos viajeros tuvieron que seguir a gatas.

—Mira allí —dijo Gunnar.

Al final del túnel había una luz, que cada vez se veía más cerca.

—Ya hemos llegado. ¿Estás cansada?

—En absoluto. Estoy muy emocionada. He perdido a Samah y no he visto a Yara, pero… ¡pronto abrazaré a mi adorada Nives!

Gunnar intentó sonreír. Él también se alegraba de volver a casa, pero tenía una extraña sensación… Procuró alejar ese pensamiento y apretó el paso hacia la salida del túnel.

11
Un guía para Samah

Al cabo de un rato, Samah se despertó con el cuerpo dolorido por la incómoda postura. Aguzó el oído y percibió un ruido, un chasquido detrás de ella. Se volvió, pero no vio nada. Permaneció alerta. Sabía que por allí había muchos animales y, aunque confiara en sus buenas intenciones, prefería no encontrárselos, sobre todo si eran depredadores hambrientos.

Alzó la mirada y vio una tenue claridad filtrándose por las ramas más altas. Le parecía imposible, pero… estaba amaneciendo. ¿Cómo había podido dormir tanto?

Se puso en pie y, mientras se desperezaba, observó los helechos que tenía a sus pies; alguien había pisoteado

las plantas que rodeaban el tronco. La princesa Samah se agachó para ver mejor y se asustó. Junto a los helechos había pequeñas cáscaras amarillas y blandas. ¡Qué raro! Estaba segura de que no estaban cuando se había sentado a descansar. Alguien había estado allí mientras ella dormía.

Un escalofrío le recorrió por toda la espalda y, de pronto, un ruido de ramas partidas ahogó el fuerte latido de su corazón.

Ahora estaba segura. Había alguien, o algo, oculto entre la vegetación. Samah tenía que decidir rápidamente: podía huir a toda prisa o podía retroceder unos pasos y enfrentarse al enemigo cara a cara.

La princesa era valiente y decidió de un modo instintivo. Desató la tira que le recogía el largo cabello. Era de cuero y tenía unas bolitas de hierro en los extremos. En el Reino del Desierto, esas tiras se usaban para inmovilizar a pequeños depredadores en casos de ataque. Su padre decía que había que ser precavidos, por eso Samah la llevaba siempre consigo.

Con paso ligero, se acercó a los matorrales de donde procedía el ruido, intentando no perder la calma.

Se agachó delante de los matorrales, alargó una mano para apartar las hojas y, para su sorpresa, vio ante sí un gorila enorme.

—¡Oh, no! —gritó desconsolada. La tira de cuero, como máximo, podía inmovilizarle dos dedos.

El animal la miraba con intensidad. Sus ojos, negros como el carbón, brillaban entre las hojas. El gorila se acercó. La princesa Samah contuvo la respiración, preparándose para lo peor. Sin embargo, el animal pasó delante de ella y se dirigió de nuevo al bosque. Pero antes se volvió hacia la princesa y la miró una vez más. En sus ojos había una luz que ella no conseguía descifrar.

De pronto, Samah recordó. No era un gorila cualquiera. Ya lo conocía, mejor dicho, *la* conocía.

—Espera… creo que ya nos hemos visto antes. ¿Eres la madre del pequeño?

El animal permaneció inmóvil.

—¿Qué haces aquí? ¿Qué quieres de mí?

La hembra de gorila levantó la pata delantera, se la puso sobre el pecho y luego la alzó y la bajó varias veces.

—Quieres que te siga… ¿eso es lo que intentas decirme?

El animal se detuvo y le dio la espalda, seguro de que la princesa lo había entendido.

—Está bien, vamos.

Samah volvió a recogerse el pelo y se puso en marcha, esperando haber comprendido las intenciones de la hembra de gorila. Medía más de un metro ochenta, pero era muy ágil; la joven se dio cuenta de que era un animal muy especial.

Tras media hora de camino, la hembra de gorila se paró. Samah tuvo que pasar delante de ella para saber

qué ocurría, porque la mole imponente del animal no le dejaba ver nada.

Cuando pudo distinguir algo, la princesa del Desierto se quedó boquiabierta. Frente a ella se erguía el árbol más grande que había visto en su vida; comparado con él, un baobab era insignificante. Se alzaba imponente, con la corteza oscura y un diámetro impresionante. Gruesas ramas sujetaban cuatro viviendas circulares, comunicadas con un espacio central mediante pasarelas suspendidas a muchos metros del suelo. Era un lugar increíble, en perfecta armonía con el ambiente que lo rodeaba. Un lugar de ensueño.

Era el legendario palacio de Jangalaliana.

12
¡Bienvenida a Jangalaliana!

Con un ademán, Samah le dio las gracias a la hembra de gorila que la había acompañado hasta el palacio. Intentó tocarla, pero el animal se retiró con un movimiento brusco. La princesa no insistió, pues sabía que algunos animales rehuyen el contacto con el hombre.

Pensó en su fiel *Amira*. ¡Cómo echaba de menos a su yegua de pelo dorado! Cerró los ojos y buscó en su memoria los aromas y los sonidos de su reino. Luego pensó en sus queridísimos primos, Armal y Daishan, con los que había crecido en los salones llenos de pinturas al fresco del palacio de Rocadocre. También los echaba de menos. Y pensó en el Abuelo, que debía de estar escri-

biendo sus historias en la terraza del palacio, con la mirada perdida en la grandiosa extensión de arena. En aquella terraza, Samah había estado con un joven misterioso, Rubin Blue, que quería descubrir los secretos de su reino.

Recordó la intensa emoción que le habían producido sus ojos color mar y cómo se había perdido en su profunda mirada... Pero, de repente, todo se complicó, como ocurría con el Mar de las Travesías cuando lo turbaba el viento maestral. Su prima Daishan desapareció y Rubin Blue resultó ser un aliado del príncipe Sin Nombre.

Ahora, el Reino del Desierto estaba en peligro.

Samah intentó alejar esos pensamientos para centrarse en el presente. Abrió los ojos y vio que la hembra de gorila ya no estaba.

Recorrió con la mirada las formas imponentes de Jangalaliana y le dio un vuelco el corazón. A pesar de su carácter fuerte, Samah había sufrido mucho al verse separada de sus padres y hermanas. Por eso, al pensar que iba a volver a ver a Yara, el dolor y el cansancio desaparecieron y sintió un calor muy agradable.

Anduvo por una alfombra de hierba brillante, suave como el terciopelo, con las briznas rozándole los pies

por las aberturas de los zapatos. La sensación era tan agradable que decidió soltarse el pelo, descalzarse y proseguir con los pies desnudos. Según avanzaba, los contornos del palacio se volvían más nítidos. Jangalaliana tenía una estructura asombrosa; su núcleo central estaba sobre el punto donde las ramas se separaban del tronco y las otras cuatro partes comunicaban con el nú-

cleo a través de largas y robustas pasarelas de madera suspendidas en el aire.

Por todo el palacio había pequeñas ventanas cuadradas, de madera oscura tallada, protegidas por cortinas de algodón. El tejado, de paja trenzada, sobresalía mucho, para proteger los aposentos de las fuertes lluvias que se abatían sobre el reino. La vivienda principal tenía una sola entrada, una puerta a la que se llegaba subiendo una escalera de caracol, también de madera, que rodeaba el tronco del árbol. Al pie de la escalera había una cancela de madera con un escudo: un árbol que hundía las raíces en el centro de la tierra y cuyas ramas rozaban las nubes.

—¡Qué maravilla! —exclamó Samah impresionada en voz alta.

Y observó a las personas, cargadas con cestas llenas de fruta, que recorrían las pasarelas colgadas entre las ramas.

Pero no había ni rastro de su queridísima hermana Yara, de modo que decidió ir hasta la cancela y preguntar por ella.

Mientras caminaba, vio una figura bajando la escalera. Era una mujer, morena y todavía joven, con un bolso de tela en bandolera.

Samah vio una especie de bastón junto a la cancela. Lo cogió, lo agitó y provocó un sonido que recordaba el de una fuerte lluvia. Supuso que tenía semillas dentro y que era una forma de llamar a la puerta. Le pareció muy divertido y sonrió. En cuanto dejó el bastón, dos monos con arco y flechas se plantaron ante ella. Habían bajado la escalera a una velocidad considerable y la observaron con desconfianza. La princesa Samah, intimidada por sus miradas indagadoras, se puso los zapatos y se recogió el pelo en una coleta, para dar una imagen más seria.

Acto seguido, apareció una mujer. Samah la miró y la invadió una inesperada sensación de confianza y optimismo.

La mujer también se detuvo a observarla.

—Guardias, ¡dejadme pasar! —les ordenó a los monos. Luego se dirigió a la recién llegada—: ¡Buenos días! ¿Puedo ayudaros en algo? No os conozco, pero hay algo en vos que…

No completó la frase y se quedó mirando a la princesa Samah en silencio.

—Sois muy amable —respondió la princesa del Desierto, sin sentirse en absoluto intimidada—. Estoy buscando a la princesa Yara.

—¿Y por qué motivo, si puedo preguntarlo?

Samah no tuvo tiempo de responder. De pronto, un grito, acompañado de un golpe seco, atrajo la atención de ambas y de los monos guardianes.

13

¡Menuda caída!

La princesa de los Bosques ya estaba bastante acostumbrada.

Cada mañana entrenaba para mejorar su agilidad, equilibrio y reflejos. Corría unas horas por el bosque, se subía a los troncos más rápido que un felino, se lanzaba de una liana a otra y practicaba el tiro con arco durante tardes enteras. No sentía el cansancio, sólo ganas de poner fin a las hostilidades entre Jangalaliana y los belicosos Nai-Lai.

Era valiente y resuelta y no creía en el poder de las armas. Pero últimamente la situación había empeorado y, si era necesario, estaba dispuesta a luchar para devolver la paz al reino.

¡Menuda caída!

—*Lalima*, hoy empezaremos con los saltos rápidos. Espérame aquí —había dicho Yara, antes de saltar la barandilla de una de las pasarelas.

Alcanzó una robusta liana colgada de una rama, se balanceó con maestría, y luego alcanzó una segunda liana y una tercera.

—¡Síííííí! —chilló desde muy arriba. Le encantaba el bosque y todo lo que vivía en él. Era el único lugar donde deseaba estar, el único que conocía y al que pertenecía.

Pasando de liana en liana, casi dio la vuelta al palacio de Jangalaliana. Pero, cuando llegó a la zona de la entrada, algo le llamó la atención: Sumati estaba hablando con una mujer. A los ojos despiertos de Yara no se les escapaba nada y al ver aquella figura en pie, delante de la cancela, le dio un gran vuelco el corazón. Había algo familiar, conocido y querido en aquella preciosa chica vestida de blanco. La princesa Yara se quedó sin aliento, con los ojos como platos, y perdió la noción del tiempo y del espacio por unos instantes.

Fue cuestión de un segundo. La liana a la que debía sujetarse en el salto siguiente se le escapó. Se dio cuenta demasiado tarde, cuando ya empezaba a caer. Había gritado y había cerrado con fuerza los ojos, esperando evitar lo peor.

Y su deseo se había cumplido.

Por una afortunada coincidencia, aquella bonita mañana Arun, el infatigable arquitecto-carpintero que había construido Jangalaliana, había amontonado hojas y helechos para reparar el tejado de paja. El montón, situado al pie del árbol, no era muy grande, pero bastó para amortiguar la caída.

La princesa Yara cayó ante los ojos de Arun, provocando una explosión de hojas verdes y todos los presentes la miraron.

Arun fue el primero en ir a ayudarla, mientras Sumati, Samah y varios monos de la guardia real la rodeaban, muy preocupados.

La pantera *Lalima* bajó corriendo la escalera y se reunió con su dueña.

—¡Ay, ay! —se quejó la princesa Yara al intentar incorporarse.

—Princesa, ¿todo bien? —preguntó Arun y la sujetó.

Sus brazos eran robustos y sólidos como troncos y la joven Yara se apoyó en ellos para ponerse en pie. Le dolía la espalda, tenía una herida leve en la pierna y los codos pelados, pero... estaba bien.

—¿Qué ha pasado? —preguntó el hombre, aliviado al ver que Yara no se había roto nada.

La princesa no respondió. Solamente podía pensar en una imagen, como si estuviera hipnotizada. De pronto, la imagen cobró vida ante ella. La princesa se frotó los ojos para asegurarse de que no era un sueño. Lo cierto era que parecía muy real.

—¡Samah! —exclamó al fin, señalando a la chica que había visto hablando con Sumati.

La princesa del Desierto le sonrió, conmovida.

—¡Samah! ¿Eres tú? —repitió la princesa de los Bosques, con una expresión cómica en la cara.

—Sí, pequeña. Y tú eres realmente tú —respondió Samah, abriendo los brazos—, tan distraída y despistada como cuando eras niña.

Yara se echó a reír y a llorar a la vez. No podía creer lo que veía.

—¡No es justo! ¡Me has distraído tú! —dijo muy emocionada la joven princesa Yara.

—Nunca cambiarás, hermanita.

Las dos princesas se fundieron en un largo y enternecedor abrazo, sin que nadie se atreviera a pronunciar una sola palabra.

14

El joven Vannak

ientras las princesas lloraban de alegría y Kalea y Gunnar viajaban a Arcándida, un joven muy apuesto avanzaba a buen paso por el bosque.

Era de estatura media; el cabello, liso y oscuro, le rozaba los anchos hombros, sus ojos verdes escrutaban con atención el camino y aguzaba el oído para detectar cualquier ruido sospechoso. En su torso desnudo destacaba un collar hecho con semillas y trozos de corteza. Llevaba una saya de colores y una espada afilada en una funda de cuero atada al costado. Se movía en su elemento natural, con la seguridad de un jefe de manada que defiende su territorio con la vida.

El joven se topó con una mujer, que trabajaba agachada en un pequeño campo, en medio del bosque.

—Salud —le dijo.

—Salud —respondió ella y levantó la cabeza. Cuando lo vio, sus ojos se petrificaron y se le cortó de repente la respiración.

Según parecía, el chico le inspiraba temor y la intimidaba.

—Saluda a Mayura de mi parte y dile que pronto iré a verlo.

Ella inclinó la cabeza para asentir, pero no manifestó ningún entusiasmo ante aquel anuncio hecho en tono amenazador.

La mujer formaba parte de los Ranija, una de las cinco tribus del Reino de los Bosques, junto con los Tamang, los Sepca y los Knot, pueblos pacíficos que vivían de la agricultura y la ganadería, y que, en opinión del joven, habían cometido el error de haber aceptado al Rey Sabio y a su hija Yara como monarcas del Reino de los Bosques.

Vannak era el jefe de la quinta tribu, los Nai-Lai. Tenía mucho poder e inspiraba respeto. Era un fuerte guerrero, como su padre, cuyo injusto destino pronto sería vengado.

Semanas atrás, el joven había convocado a los hombres de las otras tribus y les había pedido su apoyo en la lucha contra la princesa Yara. Les había dado un tiempo para decidir. Si se unían a la causa de los Nai-Lai, tendrían poder y riquezas una vez terminada la guerra. Si no lo hacían, nunca más podrían acceder a las Fuentes Doradas, que se encontraban en el territorio de los Nai-Lai y abastecían de agua a todo el reino. Ahora, la espera llegaba a su fin. Ya era hora de que los Tamang, los Sepca, los Knot y los Ranija decidieran de qué parte estaban. Pero aún no le habían contestado.

«Peor para ellos», dijo Vannak para sus adentros. Ganaría, con el apoyo de las otras tribus o sin ellas.

De modo que, al menos de momento, no se preocupó por aquella mujer ni por su marido, Mayura, jefe de la tribu de los Ranija, y prosiguió su camino. Al llegar a determinado punto, se vio obligado a detenerse; iba solo y no habría sido prudente continuar. Se subió a un árbol y observó el palacio de Jangalaliana desde lejos.

Muy pronto sería su dueño. Se sentía muy seguro, fuerte y decidido. Su objetivo estaba allí, al alcance de su mano. Un esfuerzo más y todo sería suyo para siempre.

Pero antes debía hacer una visita importante. Bajó del árbol y se encaminó con paso seguro hacia los Montes Musgosos, la zona más inaccesible del reino.

Cruzó un riachuelo que se deslizaba entre dos orillas muy verdes. El camino empezó a subir levemente y cada vez era más empinado. Cuando distinguió el tejado de una cabaña entre los frondosos árboles, el joven Vannak comprendió que había llegado a su destino.

15

Yara y Samah

Yara no podía creerlo. Tenía delante a Samah en carne y hueso. La princesa del Reino del Desierto era su adorada hermana mayor. No podía dejar de mirarla ni de sonreír, como si en un momento tan intenso no hubiera palabras para expresar la fuerte emoción.

Samah era mayor y más madura, pero también le costaba contener la emoción.

—Podríamos subir, ¿no creéis? —sugirió al fin Sumati.

Y las princesas interrumpieron su diálogo silencioso, a base de recuerdos y sentimientos.

—Sí, claro —dijo Yara—. Pero antes me gustaría presentaros. Samah, ella es Sumati, la persona más impor-

tante para mí aquí, en Jangalaliana. Siempre ha sido un apoyo fuerte como una roca.

Sumati, orgullosa de esas palabras, le hizo una pequeña reverencia a la princesa del Desierto.

—Es un placer conoceros, princesa Samah.

—Llámame Samah, por favor. Es como si fueras de la familia, de modo que nada de formalidades.

Sumati asintió con una sonrisa.

—Y él es Arun, la mente que proyectó nuestro palacio… y el brazo que lo construyó —la informó Yara, señalando la robusta figura del arquitecto-carpintero.

Arun, que estaba un poco apartado, dio un paso adelante. Era un hombre alto y fuerte, capaz de levantar un tronco de árbol con sus brazos. Tenía unos grandes ojos verdes y una mata de pelo rizado que llevaba corto, a diferencia de lo habitual en el reino. Y es que a él nunca le habían importado las costumbres ni las modas.

Era una persona más bien esquiva, le gustaba vivir en contacto con la naturaleza y respetar sus leyes. Dormía siempre al aire libre y ponía a prueba su fuerza y resistencia cruzando a nado, todos los días, las aguas turbulentas del Río de las Siete Corrientes. Según decía, obtenía su fuerza de la tierra, su honestidad del agua y su instinto del viento.

—Vuestra habilidad es asombrosa, Arun —comentó Samah, admirando el pequeño mundo suspendido en el aire de Jangalaliana—. ¡Nunca había visto nada semejante!

El hombre no estaba acostumbrado a los halagos y se rascó la cabeza, cohibido.

—Gracias, princesa. Vuestros elogios me enorgullecen.

—Ahora que ya os he presentado —dijo Yara—, quiero que conozcas al resto de la corte.

—Espera, antes dime cuántos peldaños hay —quiso saber Samah.

—Quinientos once —respondió con seguridad la princesa de los Bosques.

—¿Y eso significa algo?

—No. Arun es un hombre práctico. Cuando le encargamos que construyera el palacio, trabajó sin parar, día y noche, y sólo descansó lo indispensable. No creo que tuviera tiempo de pensar en significados simbólicos.

—¿Quieres decir que hizo todo esto solo?

—No, lo ayudaron algunas tribus que viven en el reino.

Yara recordó con pesar a los rebeldes Nai-Lai, que no quisieron colaborar en la construcción del palacio. Pero el mal humor sólo le duró un instante. Estaba demasiado contenta por el reencuentro con su hermana mayor.

—Pero es una historia larga —prosiguió— y quizá no sea el momento de contártela. Volviendo al tema de los peldaños, Arun decidió que el palacio debía apoyarse en las ramas más sólidas del árbol y, para llegar del suelo a la altura de Jangalaliana, necesitaba una escalera de caracol de quinientos once escalones.

Yara hablaba sin cesar, como si quisiera llenar con palabras el vacío de los años que había vivido separada de su hermana. Tenía tanto que decirle y tanto que escuchar de ella... Ahora que estaban juntas, esperaba poder recuperar el tiempo perdido.

Cuando las princesas llegaron a lo alto de la escalera, las aguardaba un hombre alto y muy delgado, de pelo largo y liso.

Yara se acercó a él, llevando a Samah de la mano.

—Samah, es para mí un gran orgullo presentarte al mejor músico del Reino de los Bosques: Darany.

El hombre le hizo una ligera reverencia a la princesa Samah.

—Encantada de conoceros, Darany.

—Según dicen, vos también sois una hábil intérprete, princesa.

—Sí, toco la flauta. ¿Cómo lo sabéis?

—Oh, las noticias importantes viajan con las notas musicales, recorren largas distancias y siempre llegan a su meta. Supongo que ya lo sabéis.

Sí, Samah lo sabía. La música viajaba con el viento y transmitía mensajes de una punta a otra de los Cinco Reinos, como si no existieran las distancias.

Poco después, llegó un gorila. Samah no podía creerlo: era la misma hembra que había visto antes, la que la había guiado hasta el palacio.

—Nos encontramos de nuevo.

El animal inclinó la cabeza.

—¿Ya os conocéis? —preguntó Yara, sorprendida.

—Me ha acompañado hasta aquí. Me había perdido en el bosque y no sé qué habría hecho sin ella.

—Debes saber que quién te ha ayudado es *Verdelj*, nuestra magnífica cocinera. Sus rollitos de papiro gigante rellenos de arroz negro son una delicia.

—¡Me muero por probarlos! —exclamó Samah.

Las dos hermanas y Sumati entraron en el palacio.

—Tienes una corte muy especial, querida Yara —comentó Samah, ya a solas con su hermana.

—Somos pocos y el reino no es grande, pero vivimos en armonía. Al menos entre nosotros…

Samah comprendió que, tras esas palabras, había sufrimiento y preocupación y pensó en la reacción anterior de su hermana, cuando, por un instante, se le entristeció el semblante al hablar de la construcción del palacio.

—Si has venido hasta aquí rompiendo la promesa que le hiciste a nuestro padre —continuó Yara—, significa que no traes buenas noticias.

—Efectivamente, así es —contestó su hermana, muy seria—. Tenemos algo importante de que hablar.

—Vamos a la sala del trono —propuso Yara—. Allí estaremos más tranquilas.

Sumati, que las había acompañado en silencio, dio media vuelta para irse, pero su joven princesa la detuvo.

—Ven con nosotras, Sumati. Tú también debes saberlo.

16

El relato de Samah

Yara, Sumati y Samah se sentaron sobre unos mullidos cojines colocados encima de las esteras; las dos primeras se disponían a escuchar el relato de Samah.

A Yara se la veía atenta y preocupada; la mirada tensa y severa de su hermana mayor no auguraba nada bueno.

—Últimamente han ocurrido muchas cosas. Intentaré ir por orden y no olvidar nada. Hace algún tiempo, nuestra prima Daishan y Yuften, el hijo de un comerciante, desaparecieron de Rocadocre.

—¡¿En serio?!

—En palacio, todos empezamos a buscarlos, temiéndonos lo peor. Al volver de la primera expedición de

búsqueda, el Abuelo me dijo que teníamos visita. Dos personas, procedentes de tierras lejanas, acababan de llegar a Rocadocre.

—¿Daishan y el comerciante?

—No. Eran nuestra hermana Kalea y un joven llamado Gunnar.

—¿Kalea tiene novio?

—No, la que tiene novio es Nives. Mejor dicho, está casada. ¡Gunnar es su marido!

—¡Qué gran noticia! ¡Tía Berglind debe de estar muy contenta!

A Samah se le escapó un suspiro; Yara era incorregible. Su capacidad de concentración cambiaba como el viento y tenía una curiosidad insaciable. Era imposible acabar una historia; ella no hacía más que interrumpir y sacar nuevos temas.

—Como decía —prosiguió, intentando concentrarse—, recibí una visita inesperada. Gunnar y Kalea habían hecho un largo viaje, nuestra hermana desde el Reino de los Corales y Gunnar desde Arcándida, el Reino de los Hielos Eternos. Estaban exhaustos, porque la preocupación había hecho que no se detuvieran hasta llegar a mi palacio. Venían a advertirme de un peligro.

—¿Qué peligro? —preguntó Yara, con los ojos fijos en ella.

—Habían atacado Arcándida. Y también Flordeolvido, la corte de Kalea. ¡Alguien intentaba llevarse nuestras estrofas!

—¡¿Las estrofas de la Canción del Sueño?! ¡Eso es terrible! ¿Quién las quiere? Y… ¿tu estrofa está en un lugar seguro?

—Cálmate, Yara, no me hagas tantas preguntas a la vez. Así no voy a poder terminar mi relato.

A la joven le molestaron un poco esas palabras, pero intentó disimularlo. Sumati escuchaba en silencio, profundamente absorta.

—En Arcándida, el ladrón fracasó gracias a la intervención de Gunnar. Pero en Flordeolvido, por desgracia, se llevó su botín.

—¡Pobre Kalea!

—Sí. No deja de pensar en la estrofa robada y se siente responsable de lo ocurrido.

—¿Y en Rocadocre?

—No pudimos hacer nada. —Samah bajó la cabeza—. En el Reino del Desierto también robó la estrofa. Pocos días antes del delito, le dije a Daishan dónde estaba escondida la lámina de plata con los versos de la Canción del Sueño. Alguien espió nuestra conversación y lo oyó todo; luego hipnotizó a Daishan y le pidió que fuera en busca de la estrofa…

—¡No me lo puedo creer! Entonces ¿ese alguien tiene dos estrofas?

—Como mínimo. Temo que haya podido robar más.

—Ahora lo comprendo todo —dijo Yara—. Estás

aquí porque crees que tal vez haya robado la mía. Pero te recuerdo que la canción sólo funciona si somos nosotras, las princesas, quienes regalamos las estrofas.

—Por desgracia, quien nos amenaza es muy fuerte y conoce la magia mejor que nosotras.

—¿Quééé? ¡Papá prohibió la magia!

—Nuestro enemigo no tiene escrúpulos, Yara. ¿Sabes por qué? Porque es el príncipe Sin Nombre, el hijo del Viejo Rey.

—¡Ha vuelto! —exclamó Sumati, que no había hablado hasta ese momento.

—¿Cómo? ¿Tú lo conoces? —preguntó Yara, sorprendida.

—Conocía al Viejo Rey, pero no sabía que tuviese un hijo. Yo era muy joven, sin embargo, recuerdo muy bien cómo vuestro padre derrotó al Rey Malvado y utilizó un hechizo para dormir a toda su corte. Así terminó la pesadilla, pero ahora, por lo que dice Samah, ha vuelto a empezar. ¿Cómo se libró del sueño el hijo del rey?

—No lo sé, Sumati. Sólo sé que ahora tiene sed de venganza y no parará hasta deshacer el hechizo y recuperar todas las estrofas. El príncipe Sin Nombre llega a los reinos bajo el aspecto de una persona respetable, espera el momento oportuno y luego ataca.

Yara se asustó al oír tales palabras, aunque aún había algo que no entendía.

—Nos enfrentamos a un enemigo cruel y sin escrúpulos. Quiere las estrofas y es muy astuto. Todo eso está claro, pero… ¿para qué las quiere?

—Las estrofas le sirven para reconstruir la Canción del Sueño y despertar a la corte dormida. Su objetivo es unir los reinos y dominarlos, igual que su padre los dominaba hace años. Tenemos que comprobar si tu estrofa sigue en su sitio.

—Está muy bien escondida —contestó Yara, muy convencida.

—Seguro que sí, pero tienes que ir a comprobarlo.

—Estoy segura de que nadie la ha tocado.

—Esperemos que sea así, Yara.

—Ánimo, Samah, ven conmigo. Verás con tus propios ojos que no pasa nada.

Las princesas, absortas en sus pensamientos, no vieron un insecto azul cobalto que salió por la ventana y se perdió en el claroscuro del Bosque Viviente.

17
La cabaña del bosque

El viejo sabio de los coleópteros estaba tranquilamente sentado en su cabaña del bosque, una vivienda muy humilde, hecha de madera y tela, sin objetos ni adornos. Sólo había pilas de libros, frascos de hierbas y polvos y cajas de madera con la tapa agujereada.

Era de noche y el anciano estaba tendido en un lecho de hojas. Leía un libro y removía el contenido oscuro y humeante de una taza con un palito de madera.

—¿Hay alguien? —preguntó una voz masculina desde fuera.

—¿Quién me busca? —respondió el sabio, un poco molesto.

—Soy Vannak, de la tribu Nai-Lai. ¿Puedo entrar?

—Adelante.

—Salud, viejo sabio —dijo el joven.

—Salud, Vannak. Dime, ¿qué tal va todo?

—Los enfrentamientos continúan y los Nai-Lai defendemos nuestro honor, pero aún no hemos logrado ningún cambio. Los guardias de Jangalaliana resisten nuestros ataques.

—Comprendo.

—No voy a rendirme —aseguró el joven en un arranque de orgullo—. Vengaré a mi padre como sea.

El sabio esbozó una sonrisa fría como el acero.

—Eres valiente, chico, y tu valentía se verá recompensada con el tiempo.

—Lo hago por mi padre y por mi gente.

—Eso no debes decírmelo a mí. ¿Por qué has venido?

—Me preguntaba si tendríais algo para mí, para ayudarme a que los acontecimientos vayan en la dirección adecuada. ¿Sabéis a qué me refiero? —preguntó el joven Vannak, con los ojos brillantes.

—Siempre hay soluciones alternativas, pero requieren cierta experiencia y tú eres muy joven.

—Ahora soy un hombre, maestro, y soy el jefe de los Nai-Lai. ¿No es suficiente? —replicó Vannak, con actitud agresiva—. Dejadme uno de vuestros coleópteros. No os arrepentiréis.

—Los coleópteros son seres delicados.

—Los trataré con cuidado.

—Debo pensarlo. Ahora vete, estoy cansado.

—Volveré pronto, no temáis.

El viejo sabio le lanzó una mirada desafiante.

Esa mirada provocó a Vannak, que se acercó al anciano, rostro contra rostro, como si quisiera atemorizarlo

con la fuerza de su juventud. Pero el viejo no se inmutó. Sin pestañear siquiera, le puso una mano en la cabeza. El chico lo miró a los ojos y sintió que lo invadía una fuerte determinación, como si una energía desconocida lo recorriera de pies a cabeza, dando un impulso vital a sus belicosos propósitos.

Luego salió rápidamente de la cabaña y desapareció entre los árboles.

El sabio, ya solo, cerró el libro que tenía delante y cogió uno más pequeño. Al levantar la cubierta, rígida y gastada, el volumen se abrió en un punto concreto, lo que demostraba que el anciano había consultado muchas veces aquella página. Se acercó el libro a los ojos y empezó a leer una especie de cantinela en voz baja. A los pocos minutos, un coleóptero de caparazón azul cobalto entró en la cabaña. Se le posó en el hombro y le susurró algo al oído.

«Perfecto», dijo el sabio para sus adentros. Luego cogió el bastón, salió de la cabaña y, con paso seguro, se perdió entre las sombras de la noche.

Mientras, Vannak caminaba por el bosque, con el corazón desbocado por la afrenta del viejo. No era la primera vez que el anciano cuestionaba su autoridad debido a su juventud. Desde que su padre murió y él lo había

sucedido, había tenido que enfrentarse a la incredulidad de los hombres de su tribu y soportar continuos desafíos. Pero ahora se había ganado la obediencia de su pueblo y las cosas debían cambiar. Actualmente él tenía el poder y pensaba recuperar lo que le pertenecía.

Nadie podría detenerlo.

18
En la Selva de los Manglares

Anochecía. Samah, Yara y *Lalima* avanzaban en fila por el bosque. El aire olía a tierra y a flores. A su alrededor se oían voces de animales nocturnos, cazadores de la oscuridad que se movían con prudencia y agilidad. La negrura envolvía el bosque con su abrazo delicado. Las princesas andaban a la luz de dos antorchas alimentadas con resina de una planta muy común en el reino, Raíz de Fuego Blanco. *Lalima* cerraba la fila y escrutaba la densa vegetación con sus ojos felinos.

La pequeña expedición se dirigía al sudeste. Allí se encontraba la Selva de los Manglares, un lugar apartado y solitario que el Rey Sabio había elegido para ocultar la estrofa de Yara.

Samah estaba bastante preocupada; hablaba poco y miraba al suelo.

Yara no dejaba de montar y desmontar en su cabeza las piezas de la historia que acababa de oír. A pesar de todo, confiaba en encontrar la estrofa en su sitio. No había notado nada raro entre su gente. Los Nai-Lai les hacían la guerra, pero eso era un problema que venía del pasado. O quizá no. Tal vez eran ellos quienes protegían al príncipe Sin Nombre; ellos, que permanecían fieles al Viejo Rey. Puede que el nuevo jefe de la tribu tramaba robar la estrofa. Quizá ya lo hubiera hecho. No, imposible. Ella sentía que la estrofa estaba a salvo.

—Samah, nadie conoce el lugar exacto del escondite —le dijo Yara.

—Kalea tampoco le había dicho a nadie dónde escondía la suya y ya te he dicho qué ocurrió…

—¡Qué pesimista eres, Samah! Anda, ten confianza.

—Hay algo que no te he dicho —añadió Samah, con una sonrisa.

—¿Qué?

—Kalea y Gunnar estaban aquí conmigo. Hemos venido juntos al Reino de los Bosques. Nos hemos separado en un claro, delante de dos extraños árboles abrazados. Luego, he seguido yo sola hasta Jangalaliana.

Yara se quedó boquiabierta, con un gesto que hacía desde niña. Era muy graciosa y Samah no podía dejar de mirarla.

—Os habéis separado en los Troncos Cruzados. ¡Es increíble! ¿Dónde están ahora Kalea y Gunnar?

—Han tenido que volver a Arcándida.

—Me habría gustado mucho ver a Kalea —dijo Yara, decepcionada.

—Lo sé, Yara, pero la situación es grave. Debían regresar lo antes posible. Como el príncipe Sin Nombre no consiguió robar la estrofa de Nives, Gunnar teme que muy pronto vuelva a intentarlo.

—Eso ya me lo has dicho. Lo que no me has explicado es cómo pudo entrar sin impedimentos en el Reino de los Hielos Eternos el príncipe Sin Nombre.

—Fingió ser un príncipe que pretendía conquistar el corazón de Nives.

—Evidentemente, no sabía con quién se enfrentaba. Seguro que Nives, con ese carácter suyo, lo ahuyentó de inmediato.

Las chicas se echaron a reír y la tensión desapareció por un momento.

~*~

Para alguien como Samah, que nunca había visto un bosque de manglares, la imagen fue inolvidable.

Una luna grande y luminosa salió sobre un paisaje donde el tiempo parecía haberse detenido. Era casi un reino aparte, lleno de árboles bajos, con raíces nudosas

y retorcidas, como patas de animales fantásticos, hundidas en la tierra blanda y fangosa de la laguna. Algunas aves nocturnas volaban de una rama a otra, mientras en la superficie en calma saltaban pececillos en busca de comida.

En la parte donde había menos árboles, el agua reflejaba la imagen de las frondosas copas. En otros puntos no había agua, y se veía el fondo brillante y lodoso.

Samah siguió a su hermana, bordeando la orilla de la laguna. Las dos princesas anduvieron unos cien metros antes de llegar a un pequeño muelle de madera, donde estaba amarrada una embarcación larga y estrecha hecha con un tronco.

—Proseguiremos en barca.

Lalima esperó a que Samah montara, luego subió a bordo dando un salto que hizo oscilar peligrosamente la canoa. El enorme felino inclinó la cabeza para disculparse y Samah lo acarició, sonriendo.

—No te preocupes, no nos hemos caído al agua.

De pronto, la pantera dio otro salto y asustó a Samah. En realidad, el animal estaba aguzando el oído, como si hubiera percibido algo.

—¿Qué ocurre? —preguntó la joven.

—Si pasa algo, *Lalima* nos avisará, no te preocupes —dijo Yara, que no solía alarmarse más de lo necesario.

Dicho esto, la princesa de los Bosques tomó un remo y lo hundió en el agua. La canoa se deslizó por la superficie de la laguna, bajo una luna que brillaba más que nunca.

Tras un breve trayecto, Yara se detuvo frente a un árbol aparentemente igual que los demás.

—Ya hemos llegado.

—¿Quieres decir que la estrofa…?

—Está debajo de esa raíz.

Yara señaló una raíz grande, que formaba dos círculos unidos en un punto.

Había visto ese símbolo en la Academia del Reino del Desierto: era el símbolo de infinito.

—¿Esa de ahí? —preguntó.

—Sí. Si no quieres mojarte, espérame aquí. Sólo tardaré un momento.

Sin esperar la respuesta de su hermana, la princesa de los Bosques saltó de la embarcación y echó a andar en el agua templada, que le llegaba a la cintura.

Mientras, *Lalima* miraba a su alrededor, inquieta.

Samah empezó a preocuparse.

19

La estrofa de los bosques

Yara caminaba en el agua cálida y salada de la laguna situada en la Selva de los Manglares. Después de dar varios pasos, llegó junto a las raíces del manglar. En realidad, vistas de cerca, eran mucho más grandes y ya no se parecían tanto al símbolo de infinito.

Yara acarició su superficie lisa y se sumergió ante la atenta mirada de Samah y *Lalima*, que permanecieron en la canoa. A los pocos instantes, asomó la cabeza con varias algas enredadas en el pelo, que se apartó con una mano. En la otra llevaba una caja pequeña, cuadrada y oscura. La limpió, se acercó a la canoa y se la mostró a Samah.

—Está aquí dentro —dijo nerviosa.

Su hermana rozó con un dedo la tapa de la caja.

—¿Es de piedra?

—Sí, es un mineral que resiste muy bien el agua y el barro.

Yara la abrió, implorando que la estrofa siguiera allí. Y así era. La pequeña lámina de plata estaba dentro. Samah sintió un alivio inmediato. Se arrepintió de haberse preocupado tanto. Tendría que haber hecho como su hermana, siempre tan optimista. Sujetó la caja y se acercó a la antorcha para leer los versos que componían la estrofa.

Rey del sueño profundo,
soberano de la calma del mundo:

Tú que gobiernas el bosque denso
y a las criaturas que viven dentro.

Condena al olvido al vil tirano
que al Gran Reino hizo tanto daño.

A Samah le latía muy rápido el corazón. Era la mayor de las hermanas y años atrás había escuchado a su padre

mientras éste leía la Canción del Sueño entera. El hecho de leer una de las estrofas le había recordado los últimos momentos vividos antes de separarse de su familia. Volvió a ver los rostros de sus hermanas: el estupor de Kalea, la curiosidad de la pequeña Yara, el disgusto de Diamante y las mejillas sonrosadas de Nives.

En vez de perderse en los recuerdos, debía pensar en el presente. Haber encontrado la estrofa era algo fundamental y eso le dio ánimos.

—Qué alivio. En serio.

—Ya te lo había dicho —respondió Yara, mirando a su hermana mayor con orgullo—. Todo va bien.

En ese momento, *Lalima* rugió mirando un punto situado entre los árboles.

—¡Hay alguien! —exclamó Samah, con la mirada fija en la vegetación situada a su izquierda.

—Quizá sea un animal. Ahí, el bosque es tan frondoso que no puede pasar ninguna embarcación.

—¿Y si alguien nos ha seguido a pie?

—Tendría que ser alguien muy ágil para poder subirse a esas raíces. Aunque lo dudo mucho. Y tú, *Lalima*, relájate.

Pero la pantera no estaba tranquila. Seguía mirando a su alrededor, inquieta. Samah también estaba nerviosa;

alguien se movía en la selva, estaba segura. Pero ¿quién? Y ¿qué quería? Intentó apartar de su mente al príncipe Sin Nombre.

Mientras la princesa Yara volvía a subir a bordo, un pequeño coleóptero voló delante de la canoa y los reflejos azul cobalto de su caparazón brillaron intensamente a la luz de la luna.

20

Retorno a casa

Las dos princesas no eran las únicas personas que regresaban.

Dos hombres, uno anciano y uno joven, estaban volviendo a sus cabañas, cada uno por su cuenta. El primero caminaba más despacio, apoyándose en un largo bastón que se hundía en la tierra blanda del bosque. El segundo se movía muy rápido, como un animal perseguido.

Eran el maestro de los coleópteros y Vannak, el jefe de los Nai-Lai.

Al llegar a su humilde vivienda, el anciano apartó la cortina que cubría la entrada y se sentó dentro. Dejó el bastón en una esquina y cogió un frasco de cerámi-

ca oscura. Se lo llevó a los labios y bebió con avidez. Se limpió la boca con el dorso de la mano y sonrió satisfecho.

Por un lado de la cortina vio entrar un pequeño coleóptero azul cobalto, que se le posó en el hombro.

—Hola, amigo mío —dijo con su voz aguda.

El coleóptero voló en círculo y luego regresó a su sitio.

Había sido un día muy largo y ahora, por fin, podría descansar, pensó el anciano. Se tumbó en el lecho de hojas y luchó contra los pensamientos que lo mantenían despierto.

Al final, el cansancio acalló las voces confusas que se agitaban en su mente y cayó en un sueño oscuro y atormentado.

~*~

Al otro lado del bosque, el joven Vannak llegó a la cabaña donde vivía con su madre desde que, tras la prematura muerte de su padre en la Guerra de los Reinos, se había convertido en el cabeza de familia.

De su padre, servidor del Viejo Rey y valiente guerrero, Vannak había heredado la determinación y la auda-

cia, cualidades que, con los años, se habían impuesto al carácter tranquilo y pacífico de su madre.

—Vannak, ¿eres tú? —preguntó ella al verlo entrar—. Es muy tarde.

—Ya sabes que no debes esperarme despierta —respondió él, secamente.

La mujer se levantó y se le acercó. Aún era hermosa, aunque el dolor le había dejado unas profundas marcas alrededor de los ojos. Siempre sonreía y agradecía cuanto tenía. Trabajaba todo el día en los campos que pertenecían a la tribu y, al volver a casa, cocinaba, limpiaba, ordenaba y cosía. Cada semana iba al río con las otras mujeres Nai-Lai y recogía arcilla para fabricar macetas y adornos.

—¿Dónde has estado hasta estas horas?

—En el bosque. Tenía que controlar la situación.

—Hijo mío, ¿no crees que ha llegado el momento de terminar esta guerra? Sólo sirve para hacer sufrir a nuestra gente. ¿Y todo para qué?

—Madre, ahora estamos en guerra, igual que mi padre, en sus tiempos, estaba en guerra con el Rey Sabio. Soy el jefe de nuestra tribu y, lo quieras o no, conquistaré Jangalaliana.

—¿Por qué te obstinas en luchar contra la princesa Yara?

—¿Esa chica que no pinta nada?

—¡Vannak! No hables así de tu soberana.

—Yo no la reconozco como tal y tú tampoco deberías hacerlo. Nuestra gente no está de su parte.

—Eso es porque en vuestros corazones no hay sangre, sólo odio. ¿No lo entiendes?

—Yo sólo entiendo que mi padre murió por culpa del Rey Sabio y que sus hijas tendrán que pagarlo.

—A tu padre lo cegaron la ira y las ansias de poder, Vannak.

Al oír esas palabras, una chispa de rabia brilló en la mirada del joven. Se acercó a su madre y, con todo el rencor que tenía dentro, le dijo:

—No digas nunca más algo así. Nunca más, ¿lo has entendido?

La mujer lo miró con ojos tristes, preguntándose dónde terminaría su hijo. Últimamente había cambiado tanto que le costaba reconocerlo. El deseo de venganza y el resentimiento lo consumían.

Vannak tiró al suelo el plato de la cena y salió de la cabaña. Desde fuera, oyó sollozar a su madre, pero era demasiado orgulloso para volver atrás.

21
Una larga guerra

Las hostilidades reaparecieron con el nuevo día. Se oían ruidos a lo lejos, entre los árboles.

Yara se había despertado temprano y ya estaba lista para ir al campo de batalla. Samah había dormido en la misma habitación y había oído ruidos muy extraños durante la noche.

—¿Qué pasa, Yara?

—Es la guerra, Samah —dijo la princesa de los Bosques, con expresión sombría—. Cada día hay combates.

—Entonces el príncipe Gunnar tenía razón; cuando llegamos, dijo que oía el fragor de la batalla.

Yara se sentó en el suelo, junto a la cama. Su hermana la siguió con la mirada y reparó que la alfombra que

cubría el suelo; era similar a la que tenía en su habitación, con dibujos de animales y árboles de la jungla.

—Todas tenemos una alfombra —explicó Yara—. Están formadas por miles de pequeños nudos.

—Lo sé. Las hizo Dasin, la tejedora que vive conmigo en Rocadocre. Es muy hábil con las manos y de su telar salen auténticos prodigios.

La princesa del Desierto recordaba muy bien esas alfombras. Si unían las cinco, formarían un solo dibujo. ¡Sería fantástico poder hacerlo un día!

—¡Ánimo, hermanita! —le dijo a Yara, abandonando sus pensamientos—. Háblame de la guerra.

Por un instante, la mirada de la chica se ensombreció, muy distinta a la habitual.

—Es una lucha que dura desde hace mucho tiempo y que empezó con la rebelión de una de las tribus del reino, los Nai-Lai.

—¿Y por qué se rebelaron? Tú siempre has sido una princesa justa.

—No todos piensan así. Algunos me consideran una niña mimada.

—¿Quién se atreve a decir algo así?

—¡Un mono!

—¿Cómo puedes bromear con esto, Yara? La guerra es algo serio.

—Sí, lo sé, muy serio. Por eso intento *desdramar.*

—Se dice desdramatizar, tontina —la corrigió Samah, sonriendo.

—¿Te parece poco? ¡Te he hecho sonreír!

—Sí, lo reconozco, no he podido evitarlo. Y ahora, por favor, sigue contando.

—Pues bien, los Nai-Lai siempre se han mantenido fieles al Viejo Rey, pero últimamente la situación ha empeorado. El jefe de la tribu, un hombre frío, enemigo de nuestro padre, murió y su hijo lo ha sucedido. El problema es que el joven es más hostil y tiene más sed de venganza que su padre. Me odia, odia a toda la corte y dirige una lucha que comenzó antes de que él naciera, con una firmeza y una obstinación incomprensibles. ¿Cómo puede sentir tal aversión por nuestra familia si ni siquiera conoció a nuestro padre?

—Yara, cuando alguien crece rodeado de odio, difícilmente puede librarse de él. Es mucho más fácil seguir alimentando el rencor que sacar fuerzas para mirar hacia delante. Hay que tener un espíritu muy fuerte para llegar a comprender que la venganza jamás lleva a ninguna parte.

Tras decir esas palabras, la princesa Samah suspiró. No había imaginado que su hermana tuviera que afrontar tales dificultades. Muy curiosa, preguntó:

—¿Y cuál es el nombre de ese joven?

—Vannak. Creo que es algo mayor que yo, pero no estoy segura. Sólo nos vimos una vez, cuando éramos niños. Aunque hubiéramos querido ser amigos, no habríamos podido. Tienes razón, Samah, es difícil abrirse al afecto cuando creces rodeado de odio. Y, cuando éramos niños, la hostilidad de los Nai-Lai hacia nuestro

querido padre y nuestra corte impidió que Vannak y yo nos acercásemos.

—¡Es terrible!

—Y no tiene sentido. Podríamos vivir en paz y, en cambio…

Samah reflexionó un instante.

—Sé lo que estás pensando —le dijo Yara—, pero no tiene solución, te lo aseguro.

—Pues yo creo que existe una posibilidad —respondió su hermana—. Tenemos que ir a hablar con Vannak.

Yara se echó a reír.

—Sí, claro, vamos y le decimos: «Hola, Vannak, creemos que la guerra es inútil, o sea que debemos poner fin a las hostilidades». Y él estará de acuerdo con nosotras, nos invitará a una infusión y hablaremos de paz. No, hermana. Lo único que conseguiríamos sería incrementar su odio. Jamás nos escucharía y quizá no podríamos ni acercarnos a él.

—No importa lo que él quiera. Yo solamente digo que si enfocamos bien el asunto, no se echará atrás.

—Samah, ¿has oído lo que te he dicho? Es un joven orgulloso, consumido por un rencor antiguo. Ni siquiera nos escuchará.

—Pues yo creo que sí —insistió Samah, sin admitir réplica—. Los problemas de un reino se resuelven con diálogo, no con las armas.

La princesa Yara estaba segura de que el plan de su hermana fracasaría. Los Nai-Lai eran gente dura, sin corazón. Era perder el tiempo, y Samah se daría cuenta muy pronto.

22

Un reto

Yara, Samah, *Lalima* y dos monos guardianes llegaron a la aldea de Vannak escoltados por un grupo de hombres Nai-Lai armados con lanzas y flechas. Las princesas los vieron en el bosque y les dijeron que querían hablar con su jefe.

Yara no tenía ni idea de lo que iba a decirle a Vannak, pero confiaba en la determinación y la diplomacia de Samah. Según la princesa del Desierto, era fundamental hablar con él cara a cara para saber qué tipo de persona era. Como solía decir su madre, la mirada revela muchas cosas.

Era un día nublado y fresco; el cielo gris creaba una atmósfera inmóvil alrededor de la vegetación y las per-

sonas. Todo y todos parecían aguardar algo, tal vez aquel encuentro.

—Esperad aquí —dijo uno de los guerreros Nai-Lai que las acompañaban.

Las dos hermanas esperaron a unos veinte metros de las cabañas. Había pocas viviendas, pero su aspecto era cuidado. En el interior debían de estar las mujeres y los niños, porque fuera solamente había hombres, todos ellos armados.

Las princesas aguardaban en silencio. Sumidas en sus pensamientos, intentaban imaginar la reacción del joven

Vannak cuando un hombre se abalanzó sobre ellas, lanza en mano, dispuesto a atacar a Yara. *Lalima* no vaciló; al advertir el peligro, dio un salto hacia el agresor y, con una garra, le inmovilizó la mano que sostenía el arma. Al instante llegaron otros tres hombres.

—¡Coged a ese hombre y atadlo! —ordenó el más joven. Era un muchacho, pero tenía el arrojo de un hombre. Cabello liso y largo, mirada fiera. Debía de ser Vannak, pensaron las princesas.

Las dos hermanas miraron al joven que tenían delante, esperando a que hablara.

—Soy Vannak, el jefe de la tribu. Os habéis arriesgado mucho viniendo aquí. ¿Por qué lo habéis hecho?

—Soy Samah, princesa del Reino del Desierto y hermana de Yara. Creo que nos debéis una disculpa.

—¿Una disculpa? —repitió él, despectivo—. Habéis decidido entrar en mi territorio por vuestra cuenta y riesgo.

Hacía mucho tiempo que Vannak no veía a Yara. Le pareció que era orgullosa y segura, pero no demostró lo que pensaba. Para él, sólo era una enemiga.

—¡Un poco de respeto! Recordad que soy vuestra princesa —dijo Yara, visiblemente alterada.

Samah comprendió que era necesario aplacar los ánimos y extendió las manos hacia delante.

—Hemos venido en son de paz.

—¡Pues aquí únicamente encontraréis guerra!

—Las guerras solamente traen sufrimiento y dolor, Vannak.

—Princesa Samah, os aconsejo que no os entrometáis en asuntos que no son de vuestra incumbencia.

Ella lo miró con despecho. No estaba acostumbrada a que le faltaran al respeto. Además, para ella las buenas maneras eran algo fundamental.

—Tenéis razón. Hablad conmigo —lo exhortó Yara y dio un paso adelante. Ahora, sus rostros estaban muy próximos.

—¿Qué queréis?

—Os propongo un reto.

Samah, estupefacta, miró a su hermana, pero decidió no intervenir.

—¿Un reto? —preguntó Vannak con curiosidad—. ¿Qué tipo de reto?

—Tiro con arco, tres lanzamientos —explicó Yara—. Si gano yo, dejaréis de luchar.

—Muy bien. ¿Y si gano yo?

—Os cederé el reino.

Esas palabras golpearon el corazón de Samah como piedras.

Fulminó a su hermana con la mirada, pero decidió no decir nada para no perjudicar su credibilidad frente a los Nai-Lai. Hablaría con ella cuando se quedaran solas. Yara había cometido una imprudencia y era necesario ponerle remedio.

—Si os parece bien, nos veremos aquí mañana.

—Acepto el reto —respondió Vannak, en seguida—. Hasta mañana.

Su sonrisa irónica no auguraba nada bueno.

Segunda parte

23
Una llegada… gélida

Mientras la princesa de los Bosques retaba al joven Vannak en Jangalaliana, Kalea y Gunnar ya habían recorrido el estrecho pasadizo que comunicaba el Lago Infinito con Arcándida y ahora seguían confiados en la luz que veían al final del túnel.

El viaje no había sido largo, pero llevaban mucho rato andando y estaban cansados. La princesa de los Corales se sentía exhausta, pero la idea de abrazar a Nives y a sus primas Tina y Talía después de tanto tiempo la sostenía paso a paso.

En cambio, Gunnar estaba preocupado. Había estado fuera más tiempo de lo previsto y no se sentía tranquilo. Notó un nudo en la garganta que le impedía ha-

blar y sabía que el nudo solamente desaparecería cuando viera a Nives sana y salva.

A medida que avanzaban, la luz era mucho más intensa, e iban dejando atrás la oscuridad y el Reino de los Bosques.

Cuando llegaron a la salida del túnel, Kalea se protegió los ojos con la mano, mientras que Gunnar intentó adaptarse lo antes posible a la luz y echar un vistazo.

Pero la luz no era el único problema. Ambos vestían ropa ligera, inadecuada para las gélidas temperaturas del Reino de los Hielos. Por eso Gunnar, que no sabía exactamente dónde salía el pasadizo secreto, esperaba que no estuvieran muy lejos del palacio.

Parpadeó varias veces y luego lo vio. Arcándida se erguía ante ellos, con sus murallas infranqueables, sus tejados en punta y su fachada alta y esbelta que, bajo los rayos del sol, brillaba como un diamante incrustado en la llanura helada.

En ese instante comprendió cuánto había echado de menos el palacio de hielo.

—No puedo abrir los ojos, Gunnar.

—Dame la mano, yo te guiaré. Pronto te acostumbrarás a la luz, Kalea. Tenemos suerte, estamos en el Cami-

no de los Reyes, al oeste de las murallas. Pronto llegaremos a un sitio caliente.

—¿Caliente? No recuerdo qué es eso —dijo la princesa Kalea, estremeciéndose, mientras avanzaba pegada a Gunnar, con los pies hundidos en la nieve blanca y helada.

Cuando se acostumbró a la luz, levantó en seguida la vista y se quedó boquiabierta ante la maravilla que veía. Observó el palacio, incapaz de hablar, en parte por el frío y en parte por la intensa emoción de estar en un lugar que había imaginado tantas veces y que superaba con creces su imaginación.

—¿Nunca habías estado aquí? —preguntó con mucha curiosidad el príncipe de los Hielos.

En realidad, sus padres la habían llevado cuando era pequeña, demasiado pequeña como para guardar un recuerdo nítido.

Pero habría sido complicado explicarlo, de modo que negó con la cabeza, sin apartar la mirada de los tejados puntiagudos de Arcándida.

Gunnar ya estaba acostumbrado a la espectacular arquitectura, pero también se sentía impresionado, como si haber estado lejos le hubiera hecho comprender cuán unido se sentía a aquel lugar.

Castañeteándoles los dientes y temblando como hojas bajo su ropa ligera, llegaron al puente levadizo, que estaba levantado.

—Y ahora ¿qué? —preguntó la princesa Kalea.

Pero, a los pocos segundos, el puente empezó a bajar.

—Este puente reconoce a las personas autorizadas a entrar en Arcándida —le explicó Gunnar.

Cuando llegaron a la mitad del puente, la princesa de los Corales se acercó a la barandilla y miró abajo, pues deseaba saber qué había. Al instante se retiró, atemorizada. Había visto un foso negro, sin fondo, envuelto en una densa niebla.

—Es el Foso Turbulento —la tranquilizó el príncipe Gunnar—. Vosotras, las princesas, podéis usarlo sin que os ocurra nada malo. Abajo está el pasadizo que va hacia el Reino de la Oscuridad.

Kalea asintió, bastante confundida. ¿Era posible que aquella vorágine fuera el pasadizo hacia el Reino de la Oscuridad?

La princesa de los Corales se asomó de nuevo y miró un poco más. Después, ella y Gunnar traspasaron el portón.

24
Un descubrimiento terrible

El patio del palacio era blanco, gélido y estaba desierto. Gunnar echó un vistazo y le pareció insólito que no hubiera nadie. Después advirtió que la puerta principal estaba abierta. «Qué raro», pensó.

Una vez dentro, los dos viajeros observaron que el gran vestíbulo también estaba desierto. Gunnar cerró la puerta tras él, para que no entrara el frío.

Por fin, Kalea dejó de temblar.

—¡Qué maravilla! —exclamó, mirándolo todo. Rozó con los dedos una pared de hielo lisa como una gema.

En cambio, Gunnar estaba muy preocupado. Se adentró en el pasillo izquierdo e inspeccionó los primeros

salones que encontró. Nadie, no había nadie. Sólo vacío y silencio.

—¿Dónde está todo el mundo?

—No lo sé, Kalea, pero pronto lo descubriremos. Ven conmigo —dijo, y corrió a la escalera que conducía a los pisos de arriba.

El pasillo del primer piso estaba totalmente silencioso y desierto, como todas las estancias que habían visto hasta entonces.

De pronto, Gunnar tuvo una intuición. Se acercó a grandes pasos a una puerta, seguido por Kalea, y la abrió de par en par. Era la entrada a la sala del trono, la única que no estaba vacía. Y en aquella sala, todos los temores de Gunnar se hicieron realidad.

Tuvo que mirar varias veces para creer lo que veía: un enorme bloque de hielo ocupaba la estancia y, en su interior…, ¡estaba encerrada la corte de Arcándida!

Se le cortó la respiración y, por un instante, su corazón dejó de latir.

—¡Oh, no! —gritó Kalea y se echó a llorar.

Corrió hacia la enorme trampa de hielo para ver mejor.

Gunnar la siguió, aterrorizado. Casi no podía andar, como si él también estuviera encerrado en el bloque.

Los rostros de Olafur, Talía, Tina, la tía Berglind, Arla y Erla habían quedado congelados en una expresión de terror. Tenían las bocas abiertas y los ojos como platos. ¿Cómo había podido ocurrir algo así? Gunnar estaba desesperado.

—Pero… pero ¿dónde está Nives? —preguntó Kalea.

Él dio una vuelta al enorme bloque y la vio. A la princesa de los Hielos la habían congelado mientras adelantaba una mano, como si quisiera detener a alguien. En la otra mano llevaba un pequeño estuche cilíndrico. El estuche estaba vacío.

—Está aquí —dijo el príncipe con tono lúgubre—. Mira, ha intentado protegerla hasta el final.

—¿De qué hablas?

—De la estrofa de la Canción del Sueño. Estaba dentro de ese estuche. El príncipe no pudo robarla cuando vino por primera vez. Huyó, dejándome este recuerdo —explicó Gunnar, tocándose la pierna—. Es culpa mía. Si lo hubiese capturado, si hubiera sido capaz…

—No digas eso, Gunnar, estoy segura de que hiciste todo lo posible —lo consoló Kalea, intentando no perder la esperanza.

Él acercó una mano al rostro de Nives, como si quisiera transmitirle la calidez de su piel a través del hielo.

—Te sacaré de aquí —le dijo. Luego la miró a los ojos. Eran más azules y nítidos que nunca. Parecía que pidiera ayuda.

—Y ahora ¿qué hacemos? —preguntó Kalea, desesperada.

—Tenemos que sacarlos de aquí.

—Pero ¿cómo?

—No lo sé. Según parece, han sido víctimas de un hechizo.

Gunnar pensó en su vida de lobo, pero sólo fue un instante. No había tiempo para recordar, debía actuar.

Por su parte, Kalea seguía mirando a la corte encerrada en el bloque de hielo. Había algo que no cuadraba…

—¿No falta alguien?

Gunnar miró con atención y de pronto cayó en la cuenta.

—Tienes razón. ¡Falta Helgi, el jardinero!

—¡Oh, no!

—Quizá no le haya ocurri-

do nada malo, Kalea. Tal vez se haya salvado. Tenemos que ir a buscarlo.

El príncipe de los Hielos Eternos corrió escaleras abajo y salió al patio. Kalea se quedó en la sala del trono; las lágrimas que había intentado contener surcaban sus mejillas. Ocultó el rostro tras las manos y lloró de miedo, de desconsuelo, de cansancio. De pronto, un ruido la sobresaltó; eran aullidos largos, que se repetían a intervalos regulares. La guardia real de Arcándida llegaba para ayudar a la corte dormida. Gunnar había llamado a sus amigos, los lobos.

25
La risa alarga la vida

Entre tanto, muy lejos de los tejados de Arcándida, la princesa Yara paseaba nerviosa por las pasarelas del palacio de Jangalaliana. ¿Había hecho bien en desafiar a su peor enemigo? Le costaba admitirlo, pero estaba asustada. ¿Cómo se le había ocurrido jugarse su reino a tres tiros de flecha?

Ya era tarde para cambiar de opinión. La suerte estaba echada y no podía volverse atrás.

Tenía que ganar para devolver la paz y la serenidad a los bosques. Lo malo era que si perdía…

No, no debía pensar en ello. Sacudió la cabeza para ahuyentar esa idea y pensó en Samah, en su rostro contrariado. Su hermana no aprobaba lo que había hecho,

aunque no le había dicho nada; se había limitado a guardar silencio y a fulminarla con la mirada.

—En cierto modo, así demuestra que confía en mí, ¿no crees, *Lalima*? —le preguntó a la pantera.

Ésta movió ligeramente la cabeza.

Una vez decidía algo, Yara no solía tener dudas. Era una chica impulsiva, más inclinada a actuar que a reflexionar.

La tarde pasó rápido, entre pensamientos expresados una y otra vez a media voz. La princesa de los Bosques notó que la luz había cambiado, se asomó a la barandilla y se sorprendió, como siempre, al contemplar la quietud del crepúsculo. *Lalima* la distrajo de sus cavilaciones rozándole la pierna con el morro. Yara la miró, sonriendo; la pantera pareció devolverle una mirada cómplice.

—¡A ver quién llega antes! —exclamó la princesa.

Y corrió por los pasillos del palacio. Pero *Lalima*, en dos saltos, la adelantó y se sentó a esperarla en la entrada del salón principal.

—Está bien, esta vez has ganado tú. Pero mañana yo le ganaré a Vannak, ¿verdad, *Lalima*? —dijo Yara, segura de sí misma. La pantera la miró socarrona, con sus ojos color ámbar.

Cuando Samah vio entrar a su hermana en el salón para la cena, no pudo contenerse:

—¿Cómo puedes estar tan contenta?

—Mañana salvaré el reino y esta guerra inútil, por fin, terminará. Es motivo de alegría, ¿no crees que estoy en lo cierto?

—¿Y si pierdes?

—Uf, Samah, ¡no seas aguafiestas! Hablando de fiestas, ven aquí, vamos a sentarnos.

La sala era cálida y acogedora. Había muchas velas perfumadas, cuyas temblorosas llamas lanzaban reflejos dorados a su alrededor.

Las princesas se sentaron junto a Sumati, en torno a una mesa baja engalanada con manteles individuales de bambú y telas de colores.

En la otra punta de la sala estaban los monos guardianes, Arun y Darany.

La risa alarga la vida

A Samah no le gustaba el papel de hermana mandona, pero con Yara era inevitable.

—Mañana tienes un día muy difícil, será mejor que descanses.

—¡No me eches la bronca! Tenemos que comer algo y siempre es mejor una cena alegre.

La cocinera *Verdelj* llegó con un gran plato humeante de arroz hervido, filetes de pescado de laguna a la plancha y verdura cocida. Una delicia para los ojos y también para el paladar. Dejó el plato en la mesa e hizo una reverencia. Luego les tendió una bandeja enorme a los monos y éstos mostraron su gran entusiasmo al ver qué contenía: pieles de plátano, frutos secos, hojas y néctar de flores.

—¡Qué bien huele! —exclamó Yara.

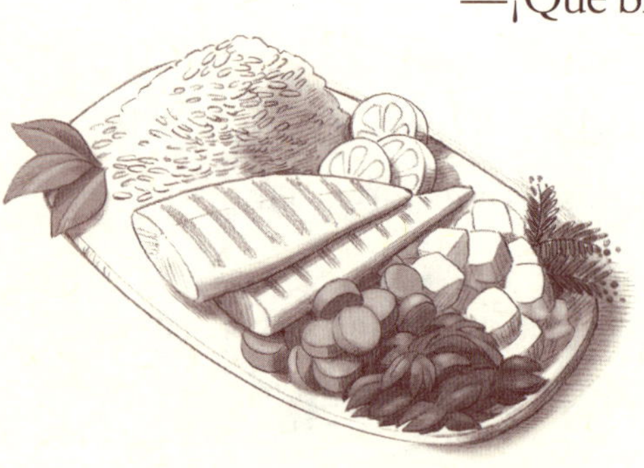

Los comensales comieron en silencio durante unos minutos.

—¿Cómo te ha ido hoy, mi querida Yara? —le preguntó Sumati.

Sin levantar la vista del plato, la princesa, con expresión seria, respondió:

—Hemos ido a ver a los Nai-Lai. Y hemos pactado una tregua.

—¡Es fantástico! ¿Cómo lo habéis hecho? Esa gente no pacta con facilidad.

Yara miró a Samah, que comía en silencio a su lado.

—Le he propuesto un reto a Vannak, el jefe de la tribu.

—¿Un reto?

—Mañana haremos una competición de tiro con arco. Tengo que ganar como sea. Y ahora será mejor que comamos. Luego se lo anunciaré a toda la corte y ya te enterarás de los detalles.

—No quieres estropearme la cena, ¿verdad? —preguntó Sumati, muy preocupada.

—Todo irá bien. ¿No es así, Samah?

La princesa del Desierto asintió, aunque sin convicción. En ese momento, su hermana empezó a retorcerse en la silla.

—¿Qué te pasa, Yara? —dijo Sumati, alarmada.

—Ah… picante… ¡quema, quemaa, quemaaa!

La princesa de los Bosques se levantó de un salto ante la estupefacta mirada de los presentes. Corrió por el salón de los banquetes con la boca abierta. Samah y Sumati miraron el plato: oculta entre el arroz, asomaba media guindilla. Por eso la princesa Yara se había pues-

to en pie como impulsada por un muelle. ¡Debía de haber mordido la otra media guindilla! *Verdelj* la había echado para darle sabor al arroz y luego se le había olvidado retirarla. Y ahora...

La princesa de los Bosques corría arriba y abajo. *Verdelj*, que lamentaba mucho lo ocurrido, se presentó con un tazón de leche... un remedio muy eficaz contra el efecto picante de la guindilla. Yara la vio y fue directa hacia ella, pero, antes de llegar, resbaló con una hoja que se había caído de la mesa de los guardias y rodó hasta la hembra de gorila, que se acercó para detenerla, pero no calculó bien. Con sus cabriolas, Yara la desvió, la cocinera tropezó y soltó el tazón de leche, que se estrelló en la cabeza de la princesa. Al cabo de un instante, ésta estaba sentada en el suelo con el tazón sobre la cabeza, como si fuera un casco, y la cara y el pelo empapados de leche.

Todos los presentes se echaron a reír.

Verdelj ayudó a Yara a ponerse en pie y a limpiarse, y también a neutralizar el sabor picante de la guindilla con otro tazón de leche. La princesa regresó a la mesa sonriendo.

—¿Recuerdas lo que siempre decía Helgi, el jardinero de Arcándida? —le preguntó a su hermana.

—La risa alarga la vida —respondió Samah con una bonita sonrisa.

—Creo que lo aprendió de nuestro querido padre. Era uno de sus lemas.

Y la cena prosiguió serenamente, gracias a la guindilla que *Verdelj* había olvidado y a la contagiosa comicidad de la princesa de los Bosques.

26
Un anuncio importante

Una vez terminada la cena, Yara reunió a la corte en la sala del trono.

Allí estaban los monos guardianes, que aquella noche, debido a la tregua, podrían descansar; también estaban Arun, *Verdelj* y Darany, el músico de la corte, que empezó a entretener al público con su cítara. Samah lo miró, tan esbelto y elegante, y escuchó el melodioso sonido de su instrumento, que producía notas misteriosas, canciones que evocaban recuerdos lejanos, suspendidos en el tiempo y el espacio.

Pensó en su *nay*, la antigua flauta que solía tocar en la terraza de Rocadocre, durante las noches perfumadas del desierto, bajo un cielo cubierto de estrellas.

La princesa Yara notó que la mente de su hermana estaba muy lejos.

—¿Te gusta la melodía?

—Sí, mucho.

—Pero estabas pensando en otra cosa, ¿no?

—Sí. Pensaba en Rocadocre, en mi flauta. Cuando la toco, me siento en armonía con lo que me rodea.

—Te anuncio que un poco más tarde habrá una gran sorpresa.

—No sé si fiarme de tus sorpresas. La última vez que me diste una… ¡dormí con una lagartija en la cama!

—¿Todavía te acuerdas? —rió Yara—. Éramos muy pequeñas.

Cuando ya no faltaba nadie, Yara se puso en pie. En la sala se hizo un silencio absoluto. Sólo se oía el canto de los grillos en el exterior, acompañado de la voz de alguna ave nocturna.

—Queridos amigos, gracias por venir —empezó la princesa, sonriendo—. Tengo algo que anunciaros. Os ruego que me escuchéis con atención: mañana será un día decisivo para todos. En la aldea de los Nai-Lai, tendrá lugar una competición de tiro con arco. Los rivales seremos Vannak y yo. Vamos a jugarnos la paz; si gano, los Nai-Lai abandonarán la lucha.

Sus palabras provocaron murmullos de sorpresa. La única que permanecía seria era Sumati, pues intentaba imaginar qué sucedería si Yara perdía.

—Eso no es todo —continuó la princesa Yara—, tenéis que estar bien informados. Si pierdo, le cederé el reino a Vannak.

De pronto, se hizo el silencio, nadie se atrevía a hablar. Todos la miraban, esperando que los tranquilizara o los confortase, pero ella cambió rápidamente de tema.

—Y, para concluir la velada, tengo una bonita sorpresa para vosotros. Seguidme —dijo, y se dirigió a una sala contigua.

Nadie sabía qué tenía en mente la princesa de los Bosques. Y tampoco sabían qué pensar del reto que se produciría al día siguiente.

27

La sala de música

Cuando Samah entró en la sala de música, se quedó fascinada. Al igual que las otras estancias del palacio, no era grande, pero estaba repleta de objetos e instrumentos musicales.

Colgados en las paredes los había de todo tipo: castañuelas, flautas, guitarras, cañas de bambú de varias longitudes, tambores y pequeñas calabazas con semillas dentro. Aquel lugar habría hecho las delicias de cualquier músico.

—¡Es increíble, Yara! —exclamó extasiada—. Parece… la sala de las maravillas.

—Tiempo atrás, un monarca de un reino lejano construyó una sala de las maravillas en su palacio. En su inte-

rior guardaba todos los objetos insólitos que le regalaban y los que él mismo compraba en sus viajes. Y yo, con la ayuda de Darany, he hecho mi sala dedicada a la música.

Samah observó detenidamente los instrumentos y se detuvo ante un grupo de flautas, colocadas sobre una mesa cubierta por una tela turquesa.

—Las trajo Darany. Si quieres, puedes probarlas.

Ella sonrió, pero se apartó de inmediato. En ese momento, llegó Darany y la animó.

—Princesa, tocadlas; cada una posee un timbre peculiar, distinto a las demás.

Samah cogió una muy pequeña, hecha con una caña de bambú.

—Habéis elegido bien —la felicitó el músico—. Es una de mis preferidas. Pertenecía a una reina. La construyeron con unas cañas muy especiales. Florecían una sola vez y luego morían, pero, si las recogían cuando aún estaban en flor, poseían virtudes prodigiosas, como un timbre verdaderamente único.

—¿En serio?

—Sí. Con esta flauta, la reina conseguía un sonido especialmente dulce y melodioso. Cuando llegué a su corte, me la regaló en señal de amistad y yo la traje aquí, a la sala de música.

Samah miró el resto de instrumentos con asombro.

—¿Sabéis tocar todos los instrumentos que hay en esta sala?

—Se necesita tiempo, princesa, como para todo lo que nos gusta. Mucho tiempo y mucha paciencia.

—Darany pasa días enteros aquí dentro, limpiando, tocando y afinando los instrumentos —explicó Sumati, que acababa de llegar.

Samah aún dudaba.

—¿Por qué no tocáis? —insistió el músico.

—¡Anda, Samah! ¿A qué esperas? —exclamó Yara.

—Está bien.

—Es vuestra —dijo Darany y le tendió la pequeña flauta.

—Pero ¿cómo voy a aceptar un regalo tan valioso?

—Debéis hacerlo, porque, en cuanto la toquéis, ya no podréis separaros de ella.

—¿Y vos qué haréis?

—Habrá más viajes y más instrumentos por descubrir.

—Os doy las gracias de todo corazón, Darany. Sois un hombre generoso.

—Sólo os pido un favor: me gustaría acompañaros con mi cítara.

—Será un honor.

Samah cogió la flauta y se la llevó a los labios. Se llenó de aire los pulmones y sopló. El primer sonido que salió fue tan dulce que los ojos de los presentes brillaron de emoción.

La princesa del Desierto tocó mucho rato aquella noche, improvisando junto al hábil músico de la corte. Ambos entretuvieron al público hasta altas horas de la noche y todos olvidaron la guerra, la competición y las preocupaciones.

28
El reino en juego

Era una mañana ventosa. En el Reino de los Bosques pocas veces soplaba el viento y la novedad ponía nerviosos a sus habitantes. Los monos permanecían encaramados a las ramas, *Verdelj* estaba en la cocina y Darany encerrado en la sala de música.

Todos aguardaban emocionados el momento de asistir a la competición.

Aquella mañana, Yara se había levantado antes de lo habitual y ya estaba lista. Samah también estaba despierta y, a diferencia de su hermana, no había pegado ojo.

La princesa de los Bosques se encontró a Sumati en el pasillo. Su amiga llevaba el pelo recogido en una coleta

alta y vestía una túnica ceñida con un fajín de tela, perlas y flecos. Completaba su atuendo un gran collar de madera con semillas de colores.

—Buenos días, Sumati —dijo Yara, sonriendo.

La mujer le devolvió, con amabilidad, la sonrisa y la miró con gran afecto. La chica vestía un pantalón ancho hasta el tobillo, de color verde oscuro, como la casaca de manga corta que llevaba sobre una blusa de algodón fino.

—Es un día muy especial, Yara. ¿Estás lista?

—Sí —respondió ella sin vacilar. Luego lo pensó mejor—: Bueno, intento estarlo, pero…

—Yara, Yara…

—¿Estás enfadada conmigo, Sumati?

—Tomaste una decisión impulsiva, porque tu carácter es así, pero también es una decisión valiente. Yo confío plenamente en ti.

—¿No crees que estoy cometiendo un error?

—Eres la princesa del Reino de los Bosques, siempre lo has gobernado siguiendo tu instinto y esta vez también has tomado tu decisión. Ya verás, todo irá bien. Así que no te preocupes.

—Sinceramente, ¿crees que voy a estar a la altura del reto?

Sumati le puso las manos en los hombros para infundirle mucha confianza. Era impresionante ver cómo la joven Yara iba mucho más allá de sus dieciséis años para adquirir el empuje y la madurez de una auténtica princesa.

—Claro que estarás a la altura. Ahora ve a entrenar. Recuerda que debes concentrarte y creer al máximo en tus capacidades. ¡Ánimo! Falta poco para la competición.

Yara abrazó a aquella mujer a la que consideraba una madre y corrió escaleras abajo.

~*~

La princesa Samah se reunió con ella poco después.

Yara vio las huellas del insomnio en su rostro.

—¡Oh, Samah! Creo que no has pegado ojo.

—No, he pasado una noche horrible.

—Lo siento.

—No te preocupes, hermanita, no soy yo quien debe competir.

—¡Qué fastidio este viento! —se lamentó Yara.

—Es un problema para la competición —comentó Samah, pensativa. De nuevo el viento, aquel extraño viento repentino. La princesa del Desierto recordó el viento sofocante que se había levantado en Rocadocre unos días antes de que robaran la estrofa.

Yara lanzó una flecha de prueba y una ráfaga la desvió fuera de la diana.

—¡Maldita sea! —protestó la princesa.

Samah aguzó el oído y guardó silencio. Su hermana la miró con curiosidad.

—¿Qué haces?

—Escuchar el viento.

—¿En serio?

—Sí, me lo enseñó el Abuelo. ¿Te acuerdas de él?

—Claro, recuerdo que contaba unas historias maravillosas.

—Sigue haciéndolo. Quién sabe, tal vez escuches una historia muy pronto. Él dice que el viento transmite

mensajes, que siempre lo sabe todo. Solamente hay que saber escucharlo.

—¿Y tú sabes hacerlo?

—Sólo a veces.

—¿Y ahora? ¿Qué te dice el viento?

Tras reflexionar un instante, Samah dijo:

—Dice que, si no te das prisa, ¡llegaremos tarde a la competición! —exclamó y le dio una afectuosa palmada en el hombro.

29
Que gane el mejor

as princesas, *Lalima* y toda la corte se encaminaron a la pequeña aldea Nai-Lai, situada en las laderas de los Montes Musgosos.

Yara miraba hacia delante, como si no viera nada más que la competición y su victoria. Estaba más tensa que nunca. En ese momento, se dio cuenta de las posibles consecuencias de su plan, de los riesgos que corría.

—Tranquila —le dijo Samah, que caminaba a su lado.

—Estoy un poco nerviosa, pero lo conseguiré.

—No lo dudo.

—¡Eh, mirad! —exclamó Sumati—. Detrás de aquel tronco hay un Tiní.

Yara se acercó al lugar que señalaba Sumati.

—Ya lo veo —dijo en voz baja.

Y le indicó a su hermana que se acercara.

Samah avanzaba con cautela, aunque pronto le desapareció la tensión. Detrás del tronco vio moverse una extraña ave sin cola.

—¡Qué curioso!

—Es una ave muy rara. Dicen que sólo se las ve de noche. El hecho de que la hayamos encontrado aquí, en pleno día, es una buena señal.

—¿De verdad crees en estas supersticiones? —preguntó Samah, sorprendida.

—En este momento, las creo más que nunca. Necesitamos un talismán, ¿no?

~*~

La aldea Nai-Lai estaba formada por unas pocas cabañas dispersas, protegidas y medio ocultas por los árboles. Ante una de ellas, ardía una gran hoguera con una llama caprichosa.

Yara miró el fuego. Por un instante, creyó ver en él un rostro haciendo una mueca. Cerró y abrió los ojos. La imagen había desaparecido.

«Estoy perdiendo la cabeza —se dijo—. Tengo que concentrarme y estar muy tranquila».

Poco después, un chico salió de la cabaña y se presentó ante la corte de Jangalaliana, que estaba reunida delante de la aldea. El joven era Vannak.

Iba con el torso desnudo y un pantalón ancho con un cinturón de plata lleno de colgantes, que sonaban a cada paso. Llevaba pesados collares de plata y de madera, un brazalete en el brazo izquierdo y un turbante en la cabeza.

—Bienvenidos —dijo en tono frío. En sus ojos brillaba una extraña luz, que

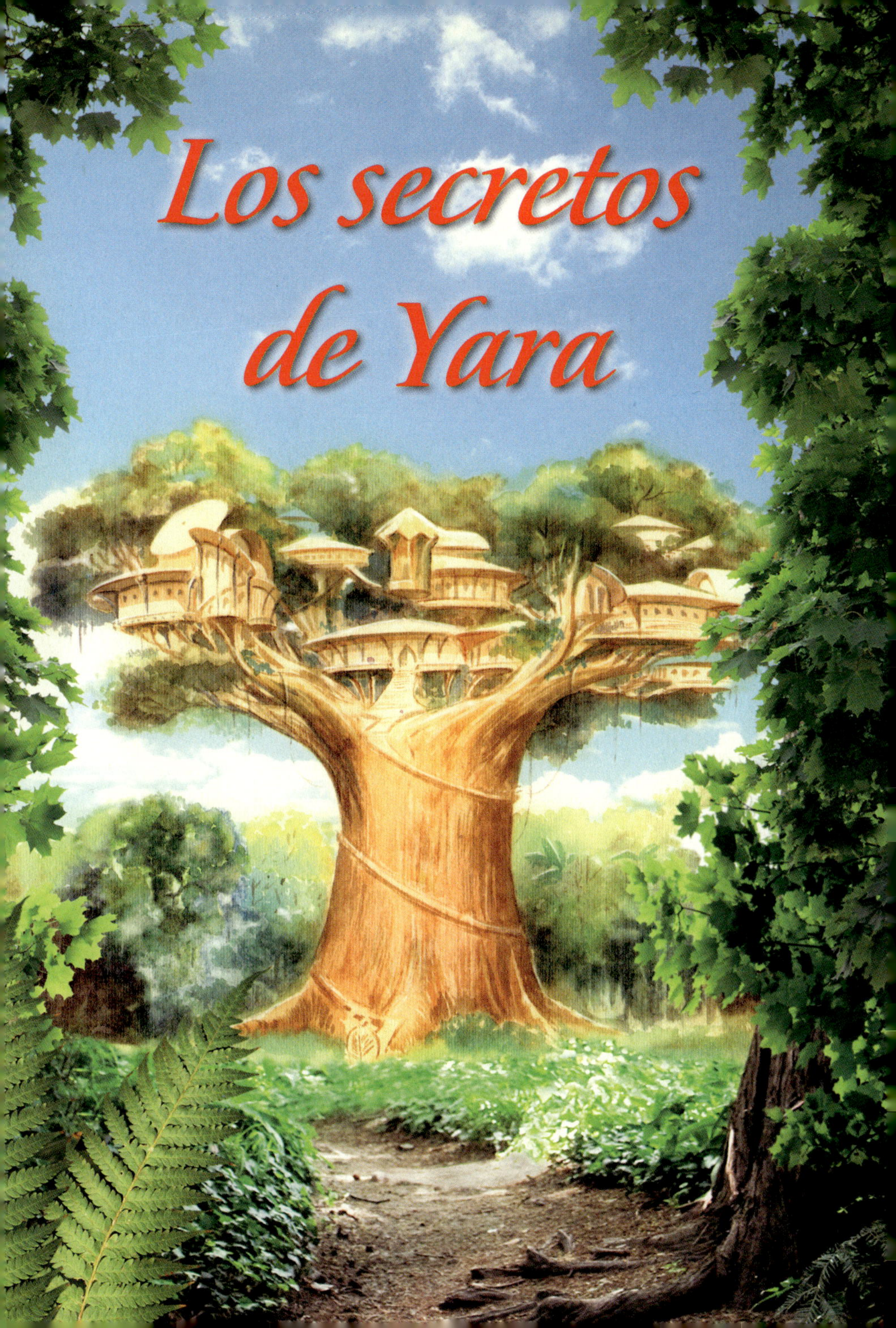
Los secretos
de Yara

Bienvenidos al Reino de los Bosques. Entre la frondosa vegetación del Bosque Viviente, encontraréis muchos animales...
... como el curioso Tiní, una ave sin cola que suele abandonar el nido de noche.
Tiní incubando
Tiní con las alas extendidas
Tiní macho
Según una antigua leyenda, avistar un Tiní es señal de prosperidad y buena suerte.

Mirad: son
las Mariposas
Bailarinas
de alas
atercio-
peladas.

La madera, el agua
y la tierra son
los elementos de
mi pequeño reino.
Vista de la aldea Nai-Lai.

La aldea de los Sepca, una de las cinco tribus del reino, situada sobre el agua, gracias a un ingenioso sistema de palafitos.

¿Jangalaliana es un trabalenguas? No, ¡es el nombre de mi casa!
Este árbol es el símbolo del Reino de los Bosques. Sus profundas raíces llegan al centro de la Tierra y sus altas ramas tocan las nubes.

El palacio
de Jangalaliana
está en las ramas
de un árbol
altísimo. Las
estancias se
comunican
mediante
pasarelas
suspendidas
en el aire.
Por suerte,
aquí nadie
tiene vértigo...

Lo sé, mi habitación
es un caos, pero
no puedo remediarlo.
Si la ordenara, ¡no
encontraría nada!

Sumati, una hermana
y una amiga para mí.
Lalima y yo... ¡hace años!
Los complementos son mi pasión.
Mi cuarto está repleto de joyas,
bufandas y telas hechas
por los artesanos del reino.

Desde las ventanas de la corte, si escrutáis entre las ramas, veréis loros y otras aves.
Lalima pasó por aquí.

¿Cómo reconocer a los monos de la guardia real? Muy sencillo: los centinelas llevan un colgante de madera, al que cada año se le añade un círculo rojo. Ingenioso, ¿no?
A Verdelj, la cocinera de la corte, le encantan los sabores fuertes... ¡probad y veréis!
Lista de la compra para la cocina:
-Pimienta blanca en grano
-Canela en rama
-Arroz integral
-Guindilla

Didjeridoo
Termitero
Las termitas vaciaron este bastón convertido en instrumento.
Darany es un músico fantástico.

Armónica
En la sala de música hay instrumentos exóticos...
... un tesoro para los amantes de la música y los viajes.
Maracas

Luego, apuntad y no penséis en nada.
Concentraos y respirad hondo antes de tirar...
Gané esta máscara
en una competición
de tiro con arco.
¡Qué gran satisfacción!

Vannak, el jefe de los Nai-Lai, es un arquero excepcional. También es un chico muy guapo, pero eso debe quedar entre nosotras... ¡es un secreto!
Además de las flechas y las carreras en el bosque, me encanta saltar con las lianas. Son movimientos acrobáticos, y hay que lanzarse al vuelo. ¡Guau!

transmitía la tensión por el reto y el deseo de intimidar a su adversaria.

—Cuando queráis, podemos empezar —replicó la princesa Yara, sin temor.

El joven Vannak se mostró bastante sorprendido ante su determinación, pero se esforzó por disimular sus emociones.

—He mandado colocar la diana ahí abajo. Es un lugar resguardado, aunque, de todas formas, el viento nos afectará.

—Por mí, no hay problema —mintió Yara, demostrando una seguridad que, en realidad, no sentía.

Sin decir nada más, Vannak le cedió el paso y la princesa de los Bosques se encaminó con movimientos seguros hacia el lugar de la competición.

30
Helgi

Mientras estaba a punto de empezar la competición en el Reino de los Bosques, Gunnar liberó a sus amigos los lobos, encerrados en un recinto situado al final del patio.

Eligió a dos de ellos. Fue a avisar a Kalea, le asignó uno y él montó en el otro.

Ambos intercambiaron una mirada de complicidad y traspasaron el portón, adentrándose en la llanura helada que se extendía ante ellos.

Aquel día recorrieron todos los rincones del reino, desde Arcándida hasta la caverna del Gran Árbol, pero no encontraron ni una alma. La peor sorpresa se la llevaron en la caverna: el Gran Árbol estaba abandonado;

alrededor de sus inmensas raíces, la tierra estaba completamente cubierta de hojas secas, flores marchitas y frutas podridas.

Era muy raro. Raro y preocupante. Helgi nunca habría abandonado el árbol; tenía que haber ocurrido algo realmente grave.

Gunnar regó el árbol y arrancó las partes secas; entre tanto, Kalea se sentó, desconsolada. La serie de malas noticias la había agotado y ya no podía pensar. Ver en tan mal estado un árbol famoso en los Cinco Reinos, un

árbol que Helgi llevó allí desde el Reino de los Bosques para alimentar a la gente de Arcándida con todo tipo de fruta, le producía una inmensa tristeza.

Gunnar intentó consolarla; le explicó que el árbol aún tenía ramas sanas y que tal vez no estaba todo perdido, luego le propuso hacer un último intento: subir a la aldea situada en la otra punta de la llanura helada y después bajar al puerto.

Así pues, Kalea y Gunnar reemprendieron el camino de Arcándida. Debían encontrar el modo de liberar a la corte de su prisión de hielo antes de que fuera demasiado tarde.

Al volver, encendieron fuego y pusieron agua a hervir para hacerse una infusión de hierbas.

—La situación es ésta —dijo Gunnar—: Han robado la estrofa, el príncipe Sin Nombre ha huido y Helgi ha desaparecido misteriosamente.

—¿Lo habrá secuestrado el príncipe?

—Es posible. Pero ¿para qué querrá a un jardinero?

Gunnar reflexionó. Tal vez el príncipe Sin Nombre había secuestrado a Helgi para adoptar su aspecto y actuar impunemente.

Era una hipótesis escalofriante pero plausible, teniendo en cuenta la estrategia del príncipe.

—¿Y si Helgi se dirige al Reino de la Oscuridad? Mi hermana Diamante es la única que ignora lo que ocurre. Y este reino se comunica con el suyo. Quizá Helgi haya ido a verla para avisarla.

—Puede ser. Tendríamos que comprobarlo.

—¿Y Nives y su corte? ¡No podemos dejarlos aquí! ¡Desprotegidos!

—No tenemos elección. No podemos hacer nada por ellos. Yo no sé nada de magia.

—Yo tampoco.

Gunnar se sentía fatal ante la idea de dejar a su Nives encerrada en un bloque de hielo, pero sabía que la única forma de ayudarla era detener al príncipe malvado. Llevaba días sin comer ni dormir, pero aún le quedaban energías, porque lo movía el amor.

—No puedo abandonarla, Gunnar —dijo Kalea, muy resuelta—. Ve tú, yo me quedaré aquí. Cuando se rompa el hechizo, estaré junto a Nives. Mientras tanto, velaré por ella y su corte.

—¿Estás segura?

—Completamente.

—Kalea, ten cuidado, por favor. Toma esto. —Le tendió un puñal largo y fino—. No dudes en usarlo si es necesario.

Kalea cogió el puñal. Detestaba las armas, pero se resignó a la idea de poseer una.

—Espero no necesitarlo.

—Los lobos de la guardia real te protegerán.

Kalea se mordió el labio; a decir verdad, cuando el ladrón de la estrofa había encerrado a los lobos al final del patio, los animales no habían podido hacer nada.

—Está bien —dijo—. Te acompaño a la salida.

Gunnar se encaminó al puente levadizo. Se volvió hacia la princesa Kalea y, sin decir palabra, se lanzó al vacío y desapareció en el abismo más profundo.

Kalea contempló las murallas de Arcándida.

Estaba sola.

31
Miradas desafiantes

La princesa Yara recordó antes del inicio de la competición que decidiría el futuro del Reino de los Bosques:

—Tres flechas cada uno.

Estaba lista para el reto.

Vannak asintió con aires de superioridad, como si, para él, tres flechas fueran más que suficientes.

Samah, algo apartada, observaba a los dos contrincantes. Desde su llegada al Reino de los Bosques, intentaba averiguar bajo qué aspecto se escondía el príncipe Sin Nombre. Aunque la estrofa siguiera en su sitio, él podía haberse puesto manos a la obra. Pero ¿quién podía ser?

Vannak era el candidato número uno. El joven no le gustaba nada. Tenía una mirada fría, hostil, y sentía un odio profundo e inmotivado hacia su familia.

Pero también podía ser sólo alguien que luchaba contra Yara movido por viejos rencores.

Entre la multitud, Samah vio a un viejo sospechoso. Su mirada era aguda y su expresión, huraña. Seguía la competición solo, apartado de los demás, y se apoyaba en un bastón.

—¿Quién es ese hombre? —le preguntó a Sumati.

—Es un viejo sabio. Lo llamamos el sabio de los coleópteros azul cobalto. Vive aislado, en el norte.

—¿De los coleópteros azul cobalto?

—Sí, ¿por qué? ¿Conoces ese tipo de insectos?

—Por desgracia, sí. ¿Son comunes en esta zona?

Samah estaba convencida de que sus sospechas tenían fundamento. Un hombre experto en coleópteros azul cobalto, los insectos que utilizaba el príncipe Sin Nombre para llevar a cabo sus planes. Iría a hablar con él en cuanto terminase la competición.

—¿Preparados? —preguntó un joven Nai-Lai.

Yara y Vannak asintieron, muy concentrados.

Empezó Yara. Cogió una flecha, se quitó el carcaj, empuñó el arco y tiró hacia atrás. La cuerda se tensó, los

extremos del arco se aproximaron y la flecha se colocó, lista para el lanzamiento.

No era un tiro fácil y las ráfagas de viento empeoraban las cosas.

La princesa Yara respiró hondo. Lanzó la flecha y cerró los ojos. Al cabo de un instante, los abrió y vio que había dado en el centro exacto de la diana.

La corte de Jangalaliana manifestó su entusiasmo. Ella sonrió, satisfecha.

El joven Vannak la miró de soslayo mientras le cedía el puesto de tiro.

El jefe de la tribu lanzó. Su flecha surcó el aire, llegó a la diana silbando y se clavó justo en la flecha de Yara, partiéndola en dos. Un tiro increíble.

El joven Nai-Lai que había anunciado el inicio de la competición retiró ambas flechas de la diana.

La princesa no se desanimó e intentó mantener la calma. Apuntó y tiró de nuevo.

Otra vez dio en el blanco.

Segundo turno para Vannak. Otro golpe certero.

Dos flechas. Dos blancos cada uno.

Ninguno de los dos tenía intención de cederle la victoria al otro.

Solamente faltaba el tercer lanzamiento, sería el tiro decisivo.

El chico retiró de nuevo las flechas. En torno a los dos arqueros reinaba el silencio absoluto. Incluso cesaron de golpe los sonidos de la jungla, los cantos de los pájaros y los gritos de los monos. El viento

amainó, como si respetara la solemnidad del momento. Todo el reino permanecía a la espera, ansioso por saber el resultado de la competición.

Yara estaba lista; el corazón le latía con la fuerza de mil tambores. Le costaba sacar el aire de los pulmones, hinchados y tensos, y le dolían los brazos a causa del esfuerzo. Pero era la princesa de los Bosques. Y salvaría su reino.

Tensó la cuerda por última vez y respiró hondo. Sabía que no podía fallar.

32
Un insecto irritante

ara se repetía una y otra vez: «Concéntrate. Solamente falta un tiro, el último, y luego, por fin, todo habrá terminado y viviremos en paz».

Soltó la flecha con mucha fuerza y ésta voló rápidamente hacia la diana.

Pero más o menos a medio trayecto, algo la desvió. Un insecto voló cerca de la flecha y estuvo a punto de acabar clavado. El batir de sus pequeñas alas movió ligeramente el dardo, bajo las miradas estupefactas de los presentes.

La princesa Yara, desesperada, estaba segura de que había perdido.

Cuando ya había abandonado toda esperanza, un maravilloso loro azul voló desde la cima de un árbol, planeó hasta la flecha, batió suavemente las alas y corrigió la trayectoria. En una fracción de segundo, la punta se clavó en el centro de la diana, lo mismo que las anteriores.

Yara casi se desmayó de la tensión. Había estado a punto de perder lo que más quería. ¿De dónde había salido aquel insecto tan raro? Había aparecido en el peor momento para ella. Por suerte, el loro había salvado la situación y el peligro ya había pasado.

El loro era su fiel *Ahi*; se dijo que lo recompensaría con suculentas lombrices, semillas y fruta.

Vannak estaba fuera de sí. Se había alegrado al ver la intervención del pequeño insecto, pero luego aquel horrible pajarraco lo había estropeado todo. ¿Cómo había podido ocurrir? ¿Era un tiro válido?

Se preparó para lanzar su última flecha, lleno de rabia. Apuntó y tiró con fuerza, más para descargar la tensión que para dar en el blanco con la debida concentración.

El dardo voló, silbando entre las ramas de los árboles, directo a la meta. Según se acercaba, resultó evidente que apuntaba hacia el margen exterior de la

diana. Se clavó a la izquierda de la flecha de Yara, demasiado lejos para contar como un punto a favor del jefe de la tribu.

El pueblo de Jangalaliana y las otras tribus presentes, los Tamang, los Ranija, los Sepca y los Knot, gritaron de alegría. El reino seguía en manos de la princesa Yara y al fin vivirían en paz; Vannak había dado su palabra.

Samah buscó entre la alegre multitud la mirada del viejo de los coleópteros azul cobalto, pero no lo vio. Era como si se hubiera desvanecido en el aire. Y que se esfumara justo después de que un coleóptero azul hubiera estado a punto de darles la victoria a los Nai-Lai no podía ser casual.

Quiso acercarse a Yara para avisarla del peligro, pero le fue imposible. La princesa de los Bosques estaba rodeada de su gente y todos deseaban felicitarla y celebrar la victoria con ella.

En cambio, los rostros de los Nai-Lai reflejaban una profunda decepción. Regresaron a sus cabañas cabizbajos, como guerreros derrotados.

Vannak, en un arranque de cólera, estrelló contra el suelo el arco y las flechas. Los observó con desprecio y luego se dirigió hacia Yara. *Lalima* se acercó, dispuesta a enseñar sus garras.

Los ojos del joven ardían de rabia. La derrota le escocía como la sal en una herida. No había conquistado el reino, debía renunciar a la guerra y había perdido la dignidad ante su gente. Todo por culpa de la chiquilla que tenía delante. Además, estaba el viejo sabio. ¿Le habría tomado el pelo? Primero le negó uno de sus preciados coleópteros y luego uno de ellos intentó desviar la flecha de Yara.

Muy frustrado, Vannak se aproximó con paso decidido hacia la princesa de los Bosques. Cuando llegó frente a ella, para sorpresa de todos los presentes, se arrodilló.

—Habéis triunfado y me comprometo a respetar nuestro acuerdo. Desde hoy, no habrá más guerra, ha terminado.

Gritos de alegría se elevaron hasta el cielo, resonaron en todos los rincones de la aldea e incluso todavía más lejos, en la Laguna Esmeralda y el Lago Infinito, entre las raíces de los manglares y más allá de las fronteras del reino, entre las olas impetuosas del Mar de las Travesías.

—Levantaos, Vannak —respondió la princesa Yara, y le ofreció la mano—. Sabéis mantener vuestra palabra y os lo agradezco profundamente. Vos y vuestra gente

seréis bienvenidos en palacio para celebrar la paz que juntos hemos conseguido.

El joven Vannak no respondió. Dio media vuelta y se alejó silenciosamente, adentrándose solo en el frondoso bosque.

Así fue como, por fin, terminó la larga guerra que atormentaba al reino.

33

La paz

En Jangalaliana, los días que siguieron a la competición fueron una gran fiesta. Ahora que ya no debían preocuparse por la guerra, todos se sentían felices y aliviados. Representantes de las tribus amigas iban a palacio a llevarles regalos a la princesa y su corte.

—Esto es para vos —dijo una mujer y dejó en el suelo un cesto de fruta que había traído de su aldea.

—La he hecho para vos —dijo otra, ofreciéndole una corona de flores perfumadas.

—Es todo cuanto poseo, pero os lo regalo con mucho gusto —anunció un viejo con un pesado saco lleno de fruta.

A la princesa Yara casi la intimidaba la generosidad de su gente, así como la gratitud y el respeto que le profesaban. La sala del trono estaba repleta de regalos de todo tipo.

—¿Has visto, Sumati? —preguntó cuando el último visitante se fue.

—Es conmovedor. Eres una princesa muy querida, Yara, debes sentirte orgullosa.

Una sombra cruzó la mirada de la joven, y Sumati se dio cuenta.

—¿Hay algún problema?

—Sigo pensando en el insecto. No me convence. No es normal que un coleóptero desvíe la trayectoria de una flecha. Parecía que quisiera…

—Hacerte perder la competición.

—Exacto. Hablaré de ello con Samah.

~*~

La princesa del Desierto llevaba media hora recorriendo la estancia a pasos largos y regulares. No dejaba de darle vueltas a la información que tenía, intentando comprenderlo todo. Había algo que no le cuadraba: la estrofa seguía en su sitio; no había ni rastro del príncipe

Sin Nombre; Vannak estaba decidido a conquistar el reino y odiaba a Yara y, por último..., Samah pensó varias cosas. El príncipe utilizaba un coleóptero azul cobalto, y uno de esos insectos había desviado la flecha de Yara, y un viejo sabio, experto en coleópteros azul cobalto, había asistido a la competición y luego había desaparecido misteriosamente.

Tenía que hablar con Yara. Quizá entre las dos encontraran una explicación.

En ese momento, la princesa de los Bosques entró por la puerta.

—Hola, hermana. Si sigues andando arriba y abajo por mi habitación, harás un agujero en el suelo y Arun no te lo perdonará.

—Ya veo que otra vez tienes ganas de bromear, ¿no es así?

—Nunca las he perdido —respondió la chica, con una inmensa sonrisa—. En cambio, tú tienes una expresión muy seria.

—Sí, hay algo raro en este asunto.

—¿A qué te refieres?

—¿No te ha parecido raro el insecto que ha desviado tu flecha?

—Pues sí, de eso quería hablarte.

—Tienes que saber una cosa. El príncipe Sin Nombre siempre lleva un coleóptero azul cobalto que somete la voluntad de los más débiles y logra que actúen siguiendo sus pérfidos planes. Cuando aparece ese insecto, es como si apareciera él.

—Pero la estrofa sigue en su sitio.

—Eso no significa nada. Es posible que intente robarla de nuevo.

—Conozco un viejo sabio que tal vez podría ayudarnos —dijo la princesa Yara, tras reflexionar unos instantes—. Lo malo es que no le gustan los extraños y no es muy hablador.

—¿Te refieres al sabio de los coleópteros azul cobalto?

—¿Lo conoces?

—Pues es mi principal sospechoso. Lo vi en la aldea Nai-Lai y su mirada sombría y penetrante me impresionó. Por eso le pregunté a Sumati quién era. Quería hablar con él después de la competición, pero desapareció…

—Vamos a buscarlo. ¿Crees que es el príncipe Sin Nombre?

—Según dices, algunos coleópteros, los de color azul cobalto, tienen poderes extraordinarios, por eso el príncipe malvado los utiliza para sus fines. De modo que si

no es el príncipe Sin Nombre —concluyó Samah—, al menos podrá darnos información muy valiosa sobre los coleópteros.

—Es muy posible. Pero antes de ir a verlo debes saber una cosa: existe una leyenda que todos conocen. Creo que ha llegado el momento de contártela.

34
La leyenda del coleóptero azul cobalto

Las dos hermanas estaban sentadas en el suelo, con las piernas cruzadas.

Fuera, los pájaros cantaban alegremente.

—Es una historia muy antigua. En aquellos tiempos, este reino era muy distinto a como lo vemos hoy. El clima era más frío y las estaciones se alternaban de un modo muy definido. Un día, que ha quedado en la memoria como el más funesto, estalló un espantoso temporal en estas tierras. No dejaba de llover y, día tras día, el Bosque Viviente se inundó hasta transformarse en un lugar similar a la Selva de los Manglares. Los habitantes que sobrevivieron a tantas lluvias e inundaciones le pidieron consejo al hombre más anciano del reino, un sa-

bio que, según decían, conocía las artes mágicas. Le preguntaron y el sabio les dijo que el bosque estaba enfadado, que alguien había intentado profanar sus secretos y el bosque se había rebelado. Los supervivientes se miraron, estupefactos: ¿quién habría sido? El sabio les dijo que el Espíritu del Bosque les indicaría quién era el culpable. Incrédulos, los hombres se retiraron a las cabañas construidas en las ramas más altas de los árboles. Al día siguiente, un joven de la tribu Nai-Lai encontró en la puerta una flor cortada; era una flor grande, escarlata, con hojas trilobuladas y pétalos brillantes y gruesos. El hombre, turbado, quiso deshacerse de la extraña flor, pero no lo consiguió. Pesaba mucho, no había forma de moverla y menos aún de ocultarla. Los otros aldeanos encontraron a su amigo delante de la cabaña, con la cabeza entre las manos; el sabio lo miró con aire severo y el joven Nai-Lai se vio obligado a confesar. Poco antes de que empezara el diluvio, se había adentrado en una zona prohibida del Bosque Viviente y había intentado robar la Gema de Aglaya, una flor conocida por sus propiedades mágicas, como el poder de aguzar la mente o de leer el pensamiento. El incauto joven cogió la flor para estudiar sus secretos y la Gema de Aglaya se le deshizo en las manos. Al día siguiente,

el cielo se abrió con un trueno estruendoso y una lluvia incesante cayó sobre la tierra, sembrando desgracia y destrucción. El bosque se había rebelado. El viejo sabio se erigió en portavoz del Espíritu del Bosque y le dijo que el joven debía reparar el daño que había hecho. Puesto que había intentado quitarle al bosque lo más valioso que poseía, debía abandonar su cabaña y sus bienes para convertirse en guardián de los secretos del bosque. Y lo peor de todo es que también debía dejar lo que más quería: a su mujer.

Yara hizo una pausa, miró la expresión absorta de Samah y luego siguió hablando.

—El hombre amaba a su esposa más que a su vida y la sola idea de perderla lo desesperaba, pero no tenía elección. Su falta era muy grave y debía sacrificarse por el bien de los demás. Se despidió de su mujer entre lágrimas y siguió al sabio hasta su nueva casa: una cabaña situada en las laderas de los Montes Musgosos. Antes de desaparecer de su vista, la mujer le prometió que lo amaría siempre.

—Qué despedida tan conmovedora…

—Y todavía hay más. El hombre no se rindió. Conocía bien los insectos, sobre todo los coleópteros azul cobalto.

—¿Qué? ¿Estás diciendo que ese joven Nai-Lai se transformó en el sabio de los coleópteros?

—Exactamente. Como decía, el hombre sabía todos los secretos de los coleópteros y descubrió que tenían una característica especial: podían entrar en contacto con la mente de las personas. De modo que empezó a adiestrarlos para que encontraran a su amada, la visitasen mientras dormía y la consolaran.

—¿Quería que la mujer se reuniera con él?

—No, porque eso habría sido romper el pacto y poner en peligro a todo el mundo. Era un hombre de palabra; le bastaba con que el coleóptero le hablase a su mujer en sueños, para infundirle valor y transmitirle su amor.

—¿Y crees que ella recibió sus palabras?

—Estoy segura de que sí.

—Es extraordinario —comentó Samah y se preguntó si, tarde o temprano, tendría la suerte de sentir algo tan especial. Un pensamiento veloz la llevó a Rubin Blue, el misterioso visitante que apareció fugazmente en su vida y se llevó la lámina de plata, dejándole el recuerdo imborrable de sus ojos color mar.

—¿Vamos a ver al viejo sabio?

—Sí. Estoy lista.

35
Una visita inesperada

En Arcándida, la princesa de los Corales se había quedado sola. Vagaba libremente por el palacio desierto buscando algo que le diera ánimos. Recorrió los amplios salones, los dormitorios, la cocina y el último piso, donde abrió una pequeña puerta entornada. Tras un estrecho pasillo y otra puerta, llegó al desván donde la princesa de los Hielos Eternos guardaba sus secretos, incluida la estrofa que ya no estaba. Entre las paredes de hielo, en medio de tantos objetos abandonados, Kalea sintió una profunda melancolía.

Después, volvió nuevamente al salón donde la corte estaba congelada, avivó el fuego y se sentó. Siguió con

los ojos los movimientos de las llamas, como si estuviera hipnotizada.

Estaba profundamente absorta en sus pensamientos sombríos y melancólicos cuando un ruido la sobresaltó.

Kalea se puso en pie de un salto y cogió el puñal que le había dado el príncipe de los Hielos Eternos. Si el príncipe malvado había vuelto, ¡tendría su merecido!

El corazón le latía muy de prisa y tenía miedo, pero consiguió salir al pasillo. Todo parecía muy tranquilo, pero a los pocos segundos se oyó otro ruido más próximo. Venía de abajo; quizá hubiera alguien en la entrada.

Las paredes del pasillo resplandecían a la luz rosada y azul del crepúsculo. Pronto sería de noche. Debía vencer sus miedos, bajar, mirar y luego cerrar el portón a cal y canto.

La joven Kalea recordó que el puente levadizo del palacio no dejaba entrar a los extraños, pero eso tampoco la tranquilizó demasiado. El príncipe Sin Nombre había logrado entrar y salir a su antojo, porque su magia era muy poderosa y había engañado incluso al puente de Arcándida.

Muy lentamente y con mucha cautela, la princesa de los Corales empezó a bajar los peldaños, con sumo cuidado de no tropezar. Avanzaba pegada a la pared, sin dejar de mirar la puerta principal, que estaba entreabierta. A medida que se aproximaba a su objetivo, empezó a notar una corriente de aire helado bajo la capa.

Estaba segura de que no estaba sola, alguien había entrado en el palacio. Se reprochó ser tan ingenua. ¿Por qué no había cerrado con llave el portón cuando Gunnar desapareció por el pasadizo, en dirección al Reino de la Oscuridad?

Al final de la escalera, Kalea vio la Entrada de Latón; estaba desierta.

Se escondió en un rincón, al principio de un largo pasillo que llevaba a los salones de la planta baja. Se asomó a echar un vistazo. Un escalofrío le recorrió la espalda. En ese preciso instante, dos figuras encapuchadas salieron de una puerta situada a la derecha. Una era más alta que otra y ambas miraban a su alrededor, muy cautas.

Para no hacer ruido, Kalea dejó de respirar. No sabía qué hacer. Mientras contenía el aliento, con el corazón en un puño, la figura más baja avanzó hacia ella.

Una visita inesperada

La princesa de los Corales contó hasta tres. Seguidamente levantó la mano con que blandía, con mucha seguridad, el puñal, dispuesta a usarlo. De pronto, vio dos ojos oscuros debajo de la capucha.

Y ya no le cupo duda: era Purotu.

36

En ruta

Yara canturreaba una linda melodía que Darany había tocado con su cítara aquella mañana, como solía hacer al alba. Las notas resonaban en el bosque, tan hermosas como el canto de un pájaro.

La princesa caminaba delante de su hermana Samah y de la pantera *Lalima*, rumbo a la cabaña del sabio de los coleópteros azul cobalto. Pensaba en lo distintas que eran: Samah era muy responsable e intentaba hacerlo todo de la mejor manera posible; en cambio, ella era impulsiva, siempre se precipitaba y decidía con las entrañas, no con la mente.

—¿Qué ocurre, hermanita? No pienses tanto, ¡te sale humo de la cabeza!

—Es imposible ocultarte algo, Samah. Pensaba en ti, en mí y en nuestras hermanas, en lo distintas que somos.

—¿Cómo vas a conocer sus caracteres? Hace mucho que no las ves.

—Sí, pero lo tengo todo grabado en la memoria. Conservo muchos recuerdos de nuestra niñez. Tú, por ejemplo, no has cambiado nada.

—¿Qué quieres decir?

—¿Te has enamorado alguna vez? —le preguntó Yara a bocajarro.

—¿Por qué lo preguntas? —respondió Samah, boquiabierta.

—No se contesta una pregunta con otra pregunta.

—Pues no lo sé —sonrió Samah—. Conocí a un joven que me fascinó.

—¿Y qué pasó?

—Se fue, desapareció con la lámina de plata. Al principio, pensé que tal vez fuera el príncipe Sin Nombre, pero ahora creo que no era más que un instrumento al servicio de los malvados planes de éste.

—¡Qué historia tan complicada! Pero, cuéntame, ¿te cortejó?

—Creo que no, pero era muy amable conmigo. Se presentó como Rubin Blue, un comerciante en busca de ob-

jetos raros. Según dijo, procedía de un país lejano. Era misterioso y tuve la sensación de que me ocultaba algo.

—¿Y qué ocurrió después?

—Una mañana, nuestra prima Daishan desapareció misteriosamente. Había subido a las Laderas Desoladas a buscar la lámina.

—Sí, eso ya me lo contaste.

—Al principio, creí que Rubin la había secuestrado. Poco después, descubrí la verdad: Daishan cogió la lámina de plata bajo los efectos de un hechizo hipnótico. La instigó a hacerlo el coleóptero azul cobalto. Y ella, obedeciendo a una voz misteriosa, le entregó la estrofa a Rubin Blue. Probablemente, él también era víctima de un hechizo similar.

—¿Y cómo puedes estar tan segura de que Rubin no era el príncipe Sin Nombre?

—No eres la primera persona que me lo pregunta. Pues bien, estoy segura porque no había maldad en sus ojos. De todos modos, hice bien en no fiarme. Me habría enamorado de la persona equivocada, una persona que sirvió al príncipe Sin Nombre y colaboró en sus terribles y malvados planes.

—Pero acabas de decir que Rubin Blue no era malo.

—Como su hermana guardaba silencio, Yara siguió ha-

blando—: Dime una cosa, Samah, ¿aún piensas en ese misterioso comerciante?

—A veces sí, aunque procuro alejarlo de mi mente. Ahora que los Cinco Reinos están en peligro, no puedo perder el tiempo con esas cosas.

—Estoy de acuerdo contigo. Yo también creo que el amor es tiempo perdido.

—Yara, Yara… piénsalo bien antes de hablar así. Dices eso porque aún no has encontrado a nadie que te haga cambiar de opinión.

—No lo he encontrado y creo que no lo encontraré.

—Eso nunca se sabe…

—No, no. Yo sólo te quiero a ti, Samah; a ti y a nuestras hermanas.

E, impulsivamente, le dio un sonoro beso en la mejilla.

Con el corazón más alegre, las dos prosiguieron su camino en el bosque, que olía a flores y a sol.

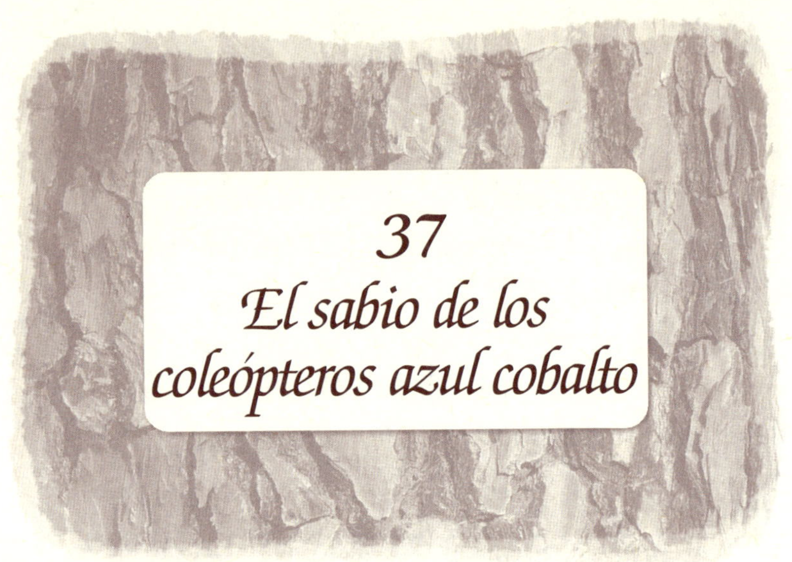

37
El sabio de los coleópteros azul cobalto

El viejo sabio estaba sentado en un taburete de madera, fuera de la cabaña. Últimamente había andado mucho y estaba exhausto, pero no había tenido elección.

Un pequeño coleóptero se le posó en el hombro.

—Amigo mío, sólo puedo confiar en ti.

El hombre pensó en su vida, en sus planes para que las cosas volvieran a su cauce. Era optimista, pronto alcanzaría su objetivo.

Le había costado tanto llegar a aquel día y, por fin…

—¡Buenos días! —lo saludó una voz de mujer.

El anciano abandonó sus pensamientos y alzó la vista: era la princesa Yara y no iba sola. La acompañaban su

pantera y una chica mayor que ella, cuyo rostro le resultaba familiar. La había visto en la competición de las tres flechas. Unos jóvenes Nai-Lai le dijeron que era Samah, la princesa del Reino del Desierto.

—Salud, princesa —respondió el viejo e intentó ponerse en pie. Se apoyó en el bastón, pero no le fue de gran ayuda, porque las rodillas no lo sostenían y tuvo que permanecer sentado.

—No os levantéis, por favor. Ésta es mi hermana Samah.

—Salud, princesa Samah. Os vi el otro día en la competición de tiro con arco.

A Samah le habría gustado responder que ella también lo había visto, pero se limitó a inclinar la cabeza.

—Precisamente queríamos hablaros de la competición.

El anciano arqueó una ceja.

—Tengo la impresión de que ese día ocurrió algo muy raro.

—¿A qué os referís, princesa?

—Un coleóptero desvió mi tercera y última flecha.

El sabio se mostró sorprendido.

—Oh, princesa, mis ojos son viejos y están cansados —replicó con voz lastimera—. No vi ese detalle.

—¿Al menos podríais decirnos si es un comportamiento normal en un coleóptero? —preguntó Samah, decidida a ir al grano.

—Es difícil decirlo sin haberlo visto. Podría haber ocurrido por casualidad.

Las dos hermanas lo miraron, perplejas. Sabían que, tras las coincidencias, solía haber una explicación.

Él notó que no las había convencido e intentó remediarlo.

—Pero dudo mucho que un insecto tuviera interés en desviar una flecha. ¿Por qué iba a hacerlo a propósito?

—Por supuesto, un insecto no puede tener interés, pero alguien podría habérselo ordenado —saltó Yara, en un tono levemente acusador.

—¿Insinuáis que yo instruí a un coleóptero para sabotear vuestra competición? —replicó el viejo, ofendido.

—No era mi intención acusaros. —La chica dio un paso atrás—. Es sólo que…

El hombre recuperó la calma y retomó la palabra.

—Como sabéis, esos coleópteros son muy especiales, porque vuelan en silencio y se dice que, si se los adiestra bien, son capaces de susurrarles mensajes al oído a personas dormidas. Pero nunca he oído hablar de coleópteros que desvían flechas.

Miraba a las princesas con sus ojos pequeños y gélidos.

—Está bien. Creo que ya nos habéis dicho todo lo que podíais —concluyó Samah, dándole a entender que no se fiaba de él.

—Lamento que no sea mucho —respondió el anciano, sin darse por aludido—. Esos insectos me quieren y yo los crío con sumo cuidado. Pero solamente soy un pobre anciano.

Desde luego, las princesas no estaban satisfechas, aunque le dieron las gracias al sabio antes de despedirse.

38
Un comportamiento extraño

En el camino de regreso, Samah y Yara estaban inquietas.

—Hay algo que no me convence en ese hombre.

—Querida Samah, el sabio de los coleópteros vive aislado desde hace tiempo, por eso es tan raro. Además, ya te había dicho que es reacio a darles información a los desconocidos.

—No es eso, hay algo más. Su mirada, su tono de voz, las informaciones que no nos ha dado…

—Eres muy desconfiada.

—Y tú muy ingenua. No hay que fiarse de todo el mundo. Y yo no me fío de ese hombre.

—¿Y de Vannak… te fías? —le preguntó su hermana.

—¿Y eso qué tiene que ver? Sólo lo he visto una vez. Si me preguntas detrás de quién se esconde el príncipe Sin Nombre, no puedo descartar a Vannak, pero también podría ser cualquier otro.

Entonces se detuvo y volvió sobre sus pasos.

—¿Qué haces? —le preguntó Yara, estupefacta.

—He olvidado preguntarle una cosa al anciano.

Yara no tuvo tiempo de preguntarle qué era, porque su hermana ya estaba lejos.

Al aproximarse a la cabaña, la princesa Samah no vio al anciano.

—¿Se puede? —preguntó, antes de apartar la cortina que hacía a veces de puerta.

No hubo respuesta.

—¿Hay alguien?

Silencio.

Yara contemplaba la escena a pocos pasos de ella, mientras *Lalima* inspeccionaba los alrededores de la cabaña.

Samah decidió entrar. La cabaña estaba vacía. Vio unos objetos abandonados en el suelo: frascos abiertos, libros, una jarra agrietada y una cajita con la tapa agujereada.

—Aquí no está. Todo esto es muy raro, Yara.

—Tal vez haya ocurrido algo.

En ese instante, las princesas oyeron un rugido. Provenía de detrás de la cabaña, del lado que daba a los Montes Musgosos.

—¡Es *Lalima*! ¡Vamos a ver qué pasa!

Yara salió corriendo. Samah la seguía a poca distancia, pero se le enredó una sandalia en una raíz y cayó al suelo.

Su hermana se volvió.

—¿Estás bien?

—Sí, tú sigue. Ya te alcanzaré.

—¿Qué querías preguntarle?

—Si lo ha visitado hace poco un extranjero para pedirle información sobre los coleópteros.

—Yo se lo diré.

En pocas zancadas, la princesa más joven llegó junto a *Lalima*. La pantera tenía al viejo sabio acorralado. Éste había retrocedido hasta quedar con los hombros pegados a la pared.

—¡Quieta, *Lalima*! —le ordenó Yara.

El enorme felino se apartó, aunque sin calmarse.

La chica observó al anciano y no comprendió qué hacía.

—¿Estáis bien?

—Nunca he estado mejor, princesa —respondió en tono ligeramente atemorizado.

—Disculpad. Hoy *Lalima* está un poco nerviosa.

—No os preocupéis. A veces, los animales son muy sensibles.

Y sus labios soltaron una carcajada estridente y satisfecha que estremeció a Yara.

—He vuelto para preguntaros si, recientemente, ha venido a veros un extranjero.

—¿Un extranjero? Creo que no. Exceptuando a vuestra hermana, no he visto a ningún extranjero.

—¿Estáis seguro?

El hombre no parecía darse cuenta de que la princesa ponía en duda su palabra y se limitó a asentir.

—Bien. Nosotras nos vamos. Hasta pronto.

La princesa de los Bosques ya se había alejado con *Lalima* cuando el anciano se despidió.

—Hasta pronto…

39
Alarma en Jangalaliana

Cuando Yara se reunió con ella, Samah estaba de pie, con una mano apoyada en un tronco y una pierna levantada. Era evidente que le costaba mantenerse en pie.

—¿Te has hecho daño?

—No es nada, pero no estoy segura si podré andar hasta el palacio.

Yara llamó a *Lalima*. La pantera se acercó y le ofreció su grupa, delgada pero musculosa, a la princesa del Desierto.

Samah montó, con la ayuda de Yara, y las dos hermanas se encaminaron al palacio.

—¿Has visto al anciano?

—Sí —dijo Yara—. Me ha dicho que no ha visto a ningún extranjero últimamente.

—¿Y crees que era sincero?

—No sabría decirlo. Es una persona muy esquiva. Y no sé por qué *Lalima* estaba tan inquieta y no lo dejaba moverse. Lo único que hacía era dibujar en el suelo con su bastón.

—¡¿Qué?! ¿Estaba trazando un círculo?

—Sí, pero...

—¡Es él, Yara!

—¿Él? ¿Quién?

—¡El viejo sabio es el príncipe Sin Nombre!

—¿Cómo puedes estar tan segura?

—Porque lo que has visto es su forma de irse. Dibuja un círculo mágico, entra en él y desaparece.

—¡No puede ser! Eso significa que...

—Significa que ha robado la estrofa —concluyó la princesa Samah.

Yara se dispuso a volver atrás, pero su hermana la asió por el brazo.

—Quieta, ahora no podemos hacer nada. Ya se habrá ido. Lo mejor es que averigüemos si se ha llevado realmente la estrofa y que busquemos al verdadero sabio de los coleópteros.

—¿Crees que lo ha capturado?

—Normalmente, el príncipe Sin Nombre se limita a inmovilizar y ocultar a sus víctimas, pero no quiero ni pensar cómo puede reaccionar si alguien le opone resistencia.

—Samah, perdóname, yo no creía que…

Yara no fue capaz de terminar la frase. Se sentía una calamidad. No había dado importancia a las dudas de su hermana, no había comprendido las señales de *Lalima*, no había sabido defender su reino de aquel hombre sin piedad.

—No es momento de afligirse —la animó Samah—; ahora debes hacer acopio de todas tus fuerzas.

~*~

Al llegar al palacio, Yara tuvo otra sorpresa: Vannak la estaba esperando.

—Princesa Yara, he venido a deciros que lo lamento. La guerra y el odio que he ido alimentando todos estos años han sido el mayor error de mi vida. Perdonadme, no lo merecíais.

—¿Ahora me decís esto? ¿No creéis que vuestras disculpas llegan un poco tarde?

—Después de la competición estaba fuera de mí y discutí con mi madre, aunque ella sólo intentaba abrirme los ojos. Pero yo no atendía a razones y entonces me contó una historia que me impresionó. Yo tenía un hermano mucho mayor, que no compartía las ideas de mi padre y deseaba que el Rey Sabio devolviera la paz al Gran Reino. Mi padre intentó convencerlo, pero cuando comprendió que era imposible, lo echó de casa y le prohibió volver a vernos a mi madre y a mí, que era su único hermano. Desde entonces, mi madre cayó en un estado de postración total e intentó por todos los medios que yo no siguiera los pasos de mi padre. Sa-

bía que el odio, la venganza y el rencor sólo conllevan dolor, soledad y sufrimiento. Pero yo hacía oídos sordos y no la escuchaba. Ahora, por fin lo he comprendido todo, aunque tal vez sea demasiado tarde.

—Lo lamento mucho.

—Ahora lo único que puedo hacer es procurar ser mejor persona, despojarme del rencor y trabajar para construir la paz del reino.

Las palabras del joven la impresionaron. Parecía sincero y su rostro poseía una nueva belleza, sin rastro de deseos de venganza.

—Princesa Yara —continuó él—, si hay algo, cualquier cosa, que pueda hacer por vos, no dudéis en pedírmelo. Estoy a vuestro servicio.

Ella lo miró con curiosidad.

—Pues sí, hay algo. Os lo voy a explicar.

40

El mensaje secreto

En los salones silenciosos de Arcándida, Kalea tuvo una de las sorpresas más gratas desde que salió de viaje.

—¡Purotu! ¡Eres tú! ¿Qué haces aquí? —exclamó, abrazando al joven. En ese instante, la invadió el mismo instinto de protección que había sentido años atrás, cuando encontraron a Purotu y a su hermano Naehu, en aquel entonces unos bebés, en la playa de la Isla de la Luna. Kalea había cuidado de ellos desde ese día, y ahora, en el tiempo que llevaba fuera de casa, los había echado mucho de menos. Ver a Purotu en un momento en que se sentía tan sola y desamparada le infundió mucho ánimo.

—¡Qué alegría verte!

Tras un abrazo largo y fuerte, se secó los ojos y miró al chico.

—Y ahora, dime, ¿qué haces aquí?

De pronto, la otra figura encapuchada dio un paso adelante y se descubrió el rostro. Kalea no pudo evitar un gesto de estupor.

—¡Haldorr! ¡Eres tú!

Abrazó al viejo bibliotecario de Arcándida con el corazón rebosante de afecto.

—Princesa Kalea, qué alivio ver que estáis bien.

—¿Por qué? ¿Alguien os había dicho lo contrario?

—Sentémonos y os lo contaré todo.

—Claro, acompañadme. He encendido la chimenea en el piso de arriba. Y hay algo que debéis ver.

Kalea guió a los recién llegados al salón del primer piso. Cuando Haldorr entró, se le cortó la respiración. Vio a toda la corte, a su adorada princesa y a sus queridos amigos, inmóviles y encerrados en un bloque de hielo.

—Ahora lo entiendo todo —murmuró impresionado el bibliotecario.

—Sí, todo cuadra —añadió Purotu.

—Por favor, explicádmelo —pidió Kalea.

Habló Purotu, porque Haldorr, con la mirada fija en el bloque de hielo, era incapaz de decir nada.

—Poco después de que te marcharas, llegó un mensaje a Flordeolvido. Lo trajo una foca que venía de aquí, del Reino de los Hielos. El mensaje, sin remitente, consistía en una sola palabra: SOCORRO.

—¿Quién lo enviaría?

—Tal vez alguien que no está encerrado —sugirió Purotu.

Los labios de Kalea, petrificados por la sorpresa, se movieron para pronunciar un nombre:

—¡Helgi!

—¡Es verdad! —exclamó Haldorr—. Helgi, el jardinero, no está aquí.

—Gunnar y yo lo hemos buscado por todas partes, pero nada. Ha desaparecido sin dejar rastro. ¿Creéis que le habrá ocurrido algo?

El bibliotecario estaba visiblemente turbado.

—No, princesa, espero que no —respondió—. Sería muy grave, porque él…

Haldorr se interrumpió de repente.

—¿Te pasa algo, Haldorr? —le preguntó Kalea.

—Uf… estoy hablando demasiado.

—Tenemos que hacer algo —intervino Purotu, que siempre estaba dispuesto a actuar.

—Creo que tengo la solución, pero necesito ir a la biblioteca —dijo Haldorr—. Esperadme aquí.

Y, sin añadir nada más, se alejó.

41

El reencuentro

La visita de Vannak fue una sorpresa para Yara. La princesa de los Bosques creía que no iba a verlo en mucho tiempo. Y ahora estaba con ella en la sala del trono.

La princesa Yara le pidió que la esperara y corrió, a la velocidad de un rayo, a asegurarse de que Sumati estaba curando a Samah como debía.

El tobillo seguía hinchado, pero su hermana era fuerte y no se quejaba.

—Samah, me tengo que ir. Sumati se ocupará de ti.

—No te preocupes, me las arreglaré. Tú piensa en la estrofa y en el sabio de los coleópteros antes de que sea demasiado tarde.

Yara salió corriendo de la habitación y se reunió con Vannak, que la esperaba con la mirada profundamente concentrada.

—Ya podemos irnos —le dijo.

Él asintió con la cabeza y descendió tras ella por la escalera de caracol.

La princesa oía los pasos del chico y la sorprendió sentirse tan a gusto, como si el joven que tenía detrás ya no fuera un enemigo ni un extraño.

Pero no había tiempo para reflexionar; tenían que encontrar al viejo sabio. Podía estar en cualquier lugar. Yara les dijo a los guardias:

—Id al bosque, dividíos y rastread todos los rincones. Si lo encontráis, volved aquí.

Luego se dirigió a Vannak:

—Si queréis ayudarme, vos también debéis buscar al viejo sabio.

—Aún no me habéis dicho por qué creéis que puede estar en peligro. Lo vi hace poco y estaba perfectamente.

En ese momento, Yara no podía decirle la verdad.

—Por favor, haced lo que os pido. Os lo explicaré todo más adelante.

—Como queráis. ¿Adónde nos dirigimos?

Antes que nada, Yara debía cumplir otra misión: ir a la Selva de los Manglares y comprobar si la estrofa seguía en su sitio. Y tenía que hacerlo sola.

—Vamos a separarnos, así tendremos más posibilidades. Yo iré hacia el este y vos hacia el oeste.

—De acuerdo. Buena suerte.

—Lo mismo digo.

La princesa corrió entre los árboles; luego se subió a un tronco y asió una liana tras otra hasta llegar al límite de la selva. Se movía sin pensar, impulsada por el instinto. En momentos como aquél, sentía un fuerte vínculo con el bosque, que era su referente y su refugio.

Recorrió el camino hacia la pequeña embarcación de madera hasta quedar sin aliento. Saltó a bordo con gran agilidad y remó con todas sus fuerzas hasta el manglar

que buscaba. Entonces se sumergió en el agua cálida de la laguna y, poco después, emergió con el cofre de piedra donde guardaba la estrofa. Cuando lo abrió, lo que vio la dejó sin palabras: la estrofa ya no estaba. Las sospechas de Samah eran fundadas.

En ese preciso instante, oyó chillar a uno de los monos guardianes; quizá había encontrado al sabio de los coleópteros.

Volvió a toda prisa, atracó la canoa y echó a correr. No sabía cuánto había corrido aquel día, pero empezaban a dolerle las piernas. Sentía que sus certezas se derrumbaban una tras otra y le costaba mantener en pie los trozos de su antigua felicidad.

—¿Qué ocurre? ¿Lo habéis encontrado? —le preguntó al mono que la esperaba en la frontera de la selva.

El animal hizo un gesto con la cabeza y se dirigió hacia los árboles. Ella lo siguió sin vacilar.

~*~

Atado y amordazado, con las manos y los pies inmovilizados con gruesas lianas trenzadas a modo de cuerdas, el sabio de los coleópteros yacía en el suelo, en un pequeño claro del bosque. Estaba inconsciente.

Vannak estaba junto a él.

—¿Lo habéis encontrado vos?

El chico asintió.

—Vuestra madre estará orgullosa, Vannak.

Ambos se miraron como si se vieran por primera vez.

—Desatadlo y dadle agua, rápido —les ordenó Yara a los monos.

Mientras unos desataban los nudos, llegó otro mono con una hoja enorme cubierta de escarcha, de la que unas gotas del tamaño de granos de uva caían directas a la boca del prisionero inconsciente.

Según un antiguo proverbio, nadie muere de sed en el Bosque Viviente.

Y lo cierto es que el viejo sabio recobró el sentido en un instante.

—Lo siento —murmuró exhausto, antes de que las fuerzas lo abandonaran de nuevo—. No sabía lo malo que era.

—No os preocupéis. Ahora descansad —lo tranquilizó Yara y luego se dirigió a los monos—: Vamos a llevarlo a Jangalaliana. Sumati cuidará de él.

Por primera vez, al menos que ella recordara, la princesa de los Bosques sintió rabia hacia alguien, hacia el príncipe Sin Nombre, que producía tanto dolor a todos

sus seres queridos. Pensó en una venganza y luego recordó las palabras de sus padres: «La venganza sólo trae venganza. Hay que saber perdonar».

El joven que estaba a su lado era un buen ejemplo de ello. Por extraño que pudiera parecer, empezaba a llevarse bien con él.

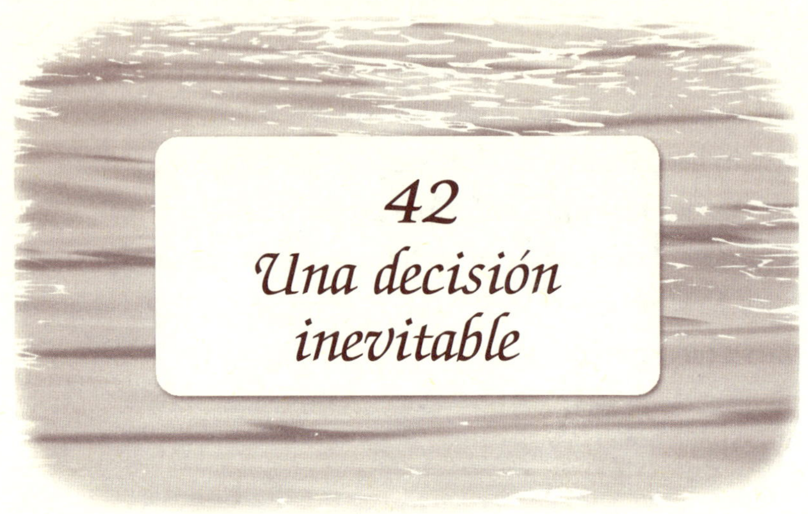

42
Una decisión inevitable

Sumati cuidó del viejo sabio dedicándole una atención muy especial. Recogió hierbas medicinales en el bosque para producir apósitos y aceites. Fue a la aldea de los Tamang, que conocían una flor muy insólita, llamada Flor del Más Aquí, que tenía propiedades curativas. Con el polvo de sus pétalos, preparó una infusión para el enfermo. Al día siguiente, el sabio ya mostraba signos de recuperación.

~*~

Samah también hacía grandes progresos, gracias a la ayuda de una muleta que le había hecho Arun.

Una decisión inevitable

Estaba sentada junto a la ventana, con la mirada puesta en las altas copas de los árboles del Bosque Viviente y el tobillo herido apoyado en un cojín. Mientras su mirada se perdía en el verde profundo, sus pensamientos se centraban en los últimos acontecimientos: la estrofa robada, el príncipe, cada vez más peligroso, y sus hermanas, sobre todo Diamante, que no sabía nada de los peligros que acechaban los Cinco Reinos.

De vez en cuando, absorta en sus pensamientos, acariciaba el suave pelo de *Lalima*, que le hacía compañía.

Era un día raro, con el cielo gris y luminoso a un tiempo. Una densa capa de nubes dirigía los rayos solares sobre el bosque, como si pasaran a través de las aberturas de una cúpula. Entre los árboles, resonaban cantos de pájaros y voces de otros animales que ya le resultaban familiares.

—¡Hola, Samah! —la saludó Yara—. ¿Cómo va el tobillo?

—Mucho mejor, gracias. Sumati dice que, dentro de dos o tres días, ya estaré en forma. Lista para marcharme.

—¿Marcharte?

—Sí, tenemos que encontrar al príncipe, recuperar las estrofas y ayudar a nuestras hermanas.

La princesa de los Bosques se sintió confusa. Aún no había pensado en esa posibilidad. El reino estaba en peligro y había que hacer algo, pero no imaginaba que tendría que dejar Jangalaliana y su adorado bosque.

—A ver si lo adivino, Yara: ¿no quieres irte, eh?

—La verdad es que nunca me he alejado de aquí, de mi gente, de Sumati y de *Lalima*. Y ahora dejarlo todo así, de repente…

—Y separarte de Vannak… —dijo Samah, con una media sonrisa.

—Él no tiene nada que ver con todo esto —objetó Yara y se sonrojó.

—Creo que últimamente os lleváis muy bien —sonrió su hermana.

—Sí, digamos que hemos hecho las paces.

Al ver lo sonrojada y cohibida que estaba su hermana Yara, Samah se acordó de su prima Daishan, que tenía la misma mirada y el mismo temblor en la voz cuando le confesó que había conocido a un joven comerciante de ojos fascinantes.

—No te rías de mí.

—No lo hago. Sólo te digo que, en cuanto se me cure el tobillo, iré a Arcándida. Obviamente, tú eres libre de hacer lo que consideres mejor.

Samah sabía perfectamente que apelar al sentido de la responsabilidad de su hermana podía ser una manera eficaz de convencerla.

—Está bien, a ver si me aclaro un poco las ideas.

Y la princesa de los Bosques abandonó la estancia a toda prisa, sin decir adónde iba.

43
El juego de las flores de la verdad

La noche cayó sobre Jangalaliana. Una piedra entró por la ventana de la habitación donde dormían Yara y Samah. Golpeó el suelo de madera produciendo un ruido metálico, demasiado leve para despertar a la primera, que dormía profundamente, y a la segunda, que llevaba tapones en los oídos para que no la despertaran los cantos de las aves nocturnas.

Después de la primera piedra, hubo una segunda y una tercera, que cayó en la almohada de la princesa de los Bosques y, por fin, la despertó.

Yara se incorporó, sobresaltada. Empuñó la muleta de su hermana para defenderse de un posible peligro y miró a su alrededor. El bosque hervía de vida bajo la luz

plateada de la luna. La princesa Yara dio un paso adelante y se asomó a la ventana.

~*~

Unos metros más abajo, alguien estaba recogiendo piedras del suelo.

Era Vannak.

Un mono guardián lo vio y se plantó ante él con aire amenazador.

El chico sonrió y se llevó un dedo a los labios en señal de silencio. El guardia lo reconoció y volvió a su puesto.

Ya estaba a punto de irse, pero, tras lanzar la tercera piedra, algo se movió detrás de la ventana.

Al cabo de unos minutos, Yara se reunió con él.

—¿Cómo se te ha ocurrido hacer eso? ¿Es que querías despertar a todo el mundo? —preguntó y fingió estar enfadada.

Vannak vio que la princesa apenas podía contener la risa y que, sin darse cuenta, lo había tratado de tú, como si fuera un viejo amigo. Él aprovechó la ocasión y le habló con el corazón en la mano.

—No, sólo te buscaba a ti.

Yara lo miró de soslayo, como si no supiera si fiarse o no.

—¡Con lo a gusto que estaba durmiendo!

—Lo sé, pero te he despertado por un buen motivo.

—A ver, ¿cuál es el buen motivo?

—Quería preguntarte si quieres jugar conmigo.

—¿En plena noche?

—Conozco un lugar, cerca de aquí, donde crecen flores maravillosas durante las noches de luna llena. Los Nai-Lai dicen que esas flores notan si dices mentiras cuando las tocas y se cierran al instante.

—He oído esa historia, pero creía que era una leyenda.

—¿Vienes o no? —la exhortó él, sonriendo.

—Trato hecho —respondió Yara, tras pensarlo un momento.

Vannak guió a Yara a un lugar que ella desconocía. Los árboles estaban muy juntos; los troncos, cubiertos de hiedra; la tierra, repleta de helechos y arbustos. La vegetación era tan densa que casi no se podía andar.

—¡Es un lugar maravilloso! —exclamó Yara—. Aunque parezca increíble, nunca había estado aquí.

—Mi tribu descubrió este lugar hace años, pero no se lo dijo a nadie.

Tras una hora de camino, llegaron a la explanada de las flores blancas. Su cansancio se vio plenamente recompensado cuando Yara vio ante sí un espectáculo indescriptible: enormes flores blancas en forma de embudo se erguían en el bosque y capturaban la luz de la luna.

La princesa se acercó a una flor algo más alta que ella y la olió.

—No huelen a nada —dijo.

—Así no atraen a los insectos.

—Son flores muy reservadas —bromeó la princesa.

—Y muy peculiares. Hazme una pregunta; yo te responderé y tocaré una flor. Si no se cierra, es que he dicho la verdad. El primero a quien se le cierre una flor, pierde.

—Perfecto —dijo Yara, sonriendo—. A ver qué puedo preguntarte... ¿Cuántos años tienes?

—Diecinueve recién cumplidos.

Vannak tocó la flor y ésta siguió abierta.

—Ahora me toca a mí. ¿Qué es lo que más te gusta hacer?

—Correr por el bosque —contestó Yara, sin dudarlo.

Y tocó la flor, que siguió abierta.

Siguieron jugando un rato, sin mentirse. Sus respuestas y la situación los hacían reír. Vannak miraba a Yara y

le parecía encantadora, con su rostro alegre y su carácter impulsivo. Por su parte, la princesa consideraba que el chico era más maduro y sensible que los demás.

—Venga, la última pregunta —anunció él.

—De acuerdo, Vannak. ¿En qué piensas en este momento? —le preguntó.

Vannak se sintió cohibido, sorprendido por la pregunta. Pensaba en algo que no quería desvelar y dijo lo primero que se le ocurrió.

—En que mañana saldré a cazar.

—Ahora toca la flor.

Acercó tímidamente un dedo al pétalo aterciopelado de la flor. En cuanto lo rozó, la flor se cerró.

—¡Ja, ja! Has mentido.

—Está bien. Pensaba en esto —dijo. Cogió el rostro de Yara y la besó.

Ella se quedó sin palabras mientras el corazón le latía muy de prisa.

44
Los cinco libros

En la sala del trono de Arcándida, Kalea y Purotu se habían quedado solos con la corte congelada y no podían dejar de pensar que debían hacer algo urgentemente. El joven caminaba inquieto por la estancia mientras la princesa observaba el bloque de hielo.

—No creo que puedas derretirlo con la fuerza de tu mirada, Kalea.

—Lo sé, Purotu. Pero no puedo evitarlo.

—Este lugar es increíble —dijo él, para distraerla—. Paredes de hielo que mantienen el calor, un foso sin fondo y el paisaje exterior, completamente blanco. Es espectacular.

—Más que un espectáculo, ahora es una pesadilla. Tengo que pensar en otra cosa, Purotu. Cuéntame algo de Flordeolvido.

—Allí todo va bien, pero te echamos mucho de menos. Naehu está escribiendo un cuaderno de poemas mientras espera tu regreso.

—¿Y Kaliq Zaba? —preguntó Kalea con cierto temor. Recordó la llegada de aquel joven tan guapo, profesor de botánica en la Academia del Reino del Desierto. Kaliq había naufragado en la Isla del Sol y era el único superviviente de una expedición de investigadores procedente del Puerto de los Sabios.

Kalea rememoró lo que había sentido en su presencia, las dudas sobre el hecho de que pudiera ser el príncipe Sin Nombre, dudas que sólo descartó al final, al averiguar que el malvado había actuado bajo el aspecto del pescador Anoi, quien había desaparecido junto con la estrofa y el curandero de las islas. Se arrepentía de no haber creído a Kaliq desde el principio y de haberlo dejado en Flordeolvido sin declararle sus sentimientos.

Purotu interrumpió aquella cadena de pensamientos.

—Kaliq está bien. Se ha recuperado por completo y ha retomado sus investigaciones.

—¿Ha decidido quedarse en Flordeolvido?

—Me parece que sí. Y tú sigues enamorada de él, ¿verdad?

—Sí, pero me marché corriendo y no sé cómo va a terminar todo esto. No sé cuándo volveremos a vernos.

—Seguro que será muy pronto. ¡Me juego mi caña de pescar!

Ambos se echaron a reír y sus carcajadas resonaron en las estancias de Arcándida, sumidas en un triste silencio desde hacía demasiado tiempo.

~*~

Al cabo de unas horas, Purotu se quedó dormido en uno de los sofás de la sala, con el rostro sereno y la mente acunada por los sueños. La princesa Kalea lo estaba mirando, muy tranquila, cuando oyó unos pasos en el pasillo.

Haldorr apareció en el quicio de la puerta; llevaba un libro con una cubierta blanca como la nieve.

—¿Qué habéis encontrado, Haldorr?

—Esto —dijo el bibliotecario—. Aquí está la clave de nuestra salvación.

—¿Qué queréis decir? ¿Qué contiene ese libro?

~*~

Kalea estaba ansiosa por saber.

—Es el quinto de cinco libros. Cada uno tiene las cubiertas de un color: azul para el Reino de los Corales, amarillo para el Reino del Desierto, verde para el Reino de los Bosques, rojo para el Reino de la Oscuridad. Éste es el del Reino de los Hielos.

Kalea no entendía nada, pero tenía la sensación de que Haldorr sabía cosas muy importantes.

—Vuestro padre, el Rey Sabio —prosiguió el bibliotecario—, me entregó los cinco libros hace mucho tiempo. Los escribió él al dividir el Gran Reino en las cinco partes que os entregó a vosotras, las princesas, para que las gobernaseis con sensatez y justicia. Vuestro padre era un hombre previsor, conocía el mundo y los riesgos que hay en él. Y escribió los libros para que los pudierais consultar en caso de peligro.

—No sabía que os había dado esa información.

—Todo empezó aquí, en Arcándida. La decisión de separaros a vosotras, las princesas, la asignación de los reinos, las estrofas grabadas en las láminas. Por eso dejó aquí los cinco libros, para que estuvieran juntos en un lugar seguro. Y, desde entonces, yo los he guardado.

—Comprendo. ¿Y si consultamos el libro podremos ayudar a Nives?

—Creo que sí; de hecho, ya he leído algo al respecto.

—Pues, a juzgar por vuestra expresión, debe de ser algo muy arriesgado.

—Como os decía, este libro contiene soluciones a peligros de extrema gravedad. Por tanto, los remedios también son extremos.

—¿Estáis diciendo que tendremos que usar la magia?

—Exactamente, princesa Kalea.

—Pero no podemos… ¡mi padre la prohibió! ¿Cómo voy a romper el juramento?

—Comprendo vuestras razones, pero Arcándida ha sido objeto de un hechizo muy potente, y solamente podremos liberarla con otro hechizo.

Esa solución no convencía a la princesa de los Corales. La magia siempre la había asustado, porque conocía sus efectos negativos. Siempre la había mantenido a distancia y había luchado contra ella. Y ahora parecía que era el único modo de despertar a su hermana Nives y a su corte de aquel sueño de hielo.

—Confiad en mí, princesa de los Corales, y escuchad lo que voy a deciros.

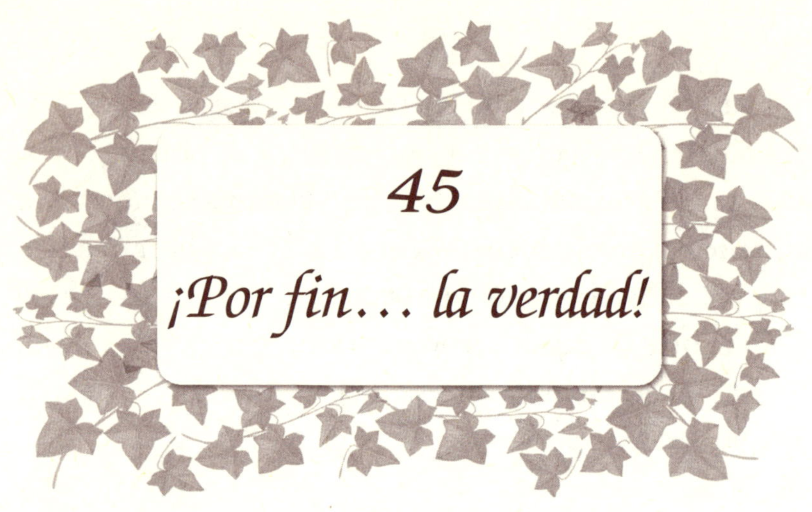

45

¡Por fin... la verdad!

Ya no había que esperar más. Samah ya estaba curada y debían irse. Cada minuto de retraso podía ser un minuto de ventaja para el príncipe Sin Nombre.

Cuando Samah tocó de nuevo el tema con Yara, su hermana se entristeció.

—Sé que echarás de menos el bosque, a Sumati y a tu corte, pero somos princesas y tenemos que defender nuestros reinos y a sus habitantes. Luego volveremos a casa y, tal vez, una vez restablecida la paz, todo cambie para nosotras. Puede que nuestra familia se reúna otra vez. Pero ahora no podemos pensar en nosotras, debemos dedicar nuestras energías a preservar la paz.

—Tienes razón. Cuando éramos pequeñas, siempre lo hacías por nosotras. Siempre te encargabas de las decisiones importantes y pensabas en nosotras antes que en ti. Nunca lo olvidaré, Samah.

—Te quiero mucho, hermanita.

—Y yo a ti.

Ambas se abrazaron, impulsadas por el gran afecto que se profesaban y por las ganas de infundirse ánimos. Sabían que iban a necesitarlos, sobre todo a partir de ese momento.

—Ahora ya puedes decírmelo: ¿por qué te cuesta tanto irte?

Yara se sonrojó.

—Es por Vannak, ¿verdad? Últimamente os he visto muy juntos.

—Nos hemos hecho muy amigos, nada más.

—Yara, Yara, no me estás diciendo la verdad. Hay algo más entre vosotros. Se ve claramente.

—¿En serio?

—Soy tu hermana y me doy cuenta de todo: las miradas, las sonrisas, lo fuerte que te late el corazón cuando llega él y cómo vas a verlo en seguida, aunque te esfuerces por disimular.

—¡No es cierto! —exclamó la joven, ofendida.

—Debes vivir tus sentimientos, Yara, pero recuerda siempre quién eres.

—Está bien. Estoy dispuesta a irme, pero… ¡no me sermonees más!

—De acuerdo, pero antes deja que hable con el sabio de los coleópteros.

—Entonces, vamos.

~*~

Cuando las dos princesas entraron en la habitación, el hombre estaba tumbado en la cama, en una agradable penumbra. La cortina ondeaba de vez en cuando, agitada por un viento caprichoso. Reinaba un silencio absoluto y el aire olía a hierbas medicinales.

—Salud, sabio —dijo Yara—. ¿Cómo os encontráis hoy?

—Salud, princesa Yara y princesa Samah. Voy mejorando día a día, gracias a los cuidados de la bondadosa Sumati.

—Me alegro mucho —sonrió Yara—. Hemos venido a anunciaros que nos vamos. Han ocurrido varios incidentes graves que requieren nuestra presencia en otro reino.

—Comprendo —respondió secamente el anciano con el cejo fruncido.

—Pero antes de irnos, nos gustaría que nos contarais qué os sucedió. ¿Podéis reconstruir los hechos?

Él bebió un sorbo de agua de un vaso que había en la mesilla de noche y empezó a hablar:

—Un día, al anochecer, ese hombre se presentó en mi cabaña. Recuerdo que yo estaba consultando un viejo

tratado cuando vi que la cortina se movía. Primero me alarmé, pero cuando vi quién era me tranquilicé.

—¿Lo conocíais? —preguntó la princesa Samah, bastante sorprendida.

—Había venido a visitarme hace tiempo. Estaba muy interesado en los coleópteros azul cobalto. Decía que podían ser una gran ayuda para él.

—¿Le preguntasteis por qué motivo?

—Sí, me dijo que un malvado hombre había secuestrado a su amada y la tenía prisionera. La única posibilidad que tenía de comunicarse con ella eran mis coleópteros.

—¡Increíble! Es una historia similar a la vuestra —comentó la princesa de los Bosques.

—Está muy claro —opinó Samah—: Quería convenceros para que le dieseis un coleóptero azul cobalto haciéndoos creer que pasaba por una situación muy similar a la vuestra.

—Si pudiéramos intuir cómo son las personas a primera vista, nos evitaríamos muchos disgustos. El caso es que ese hombre logró persuadirme. Sus ojos tenían mucha fuerza; no puedo describirlo, pero era como si siempre fuera capaz de imponer su voluntad. Y yo, sin oponer resistencia, le entregué mi mejor coleóptero dentro

de una cajita con la tapa agujereada. Le di varios consejos y le pedí que fuera a verme de nuevo para contarme cómo proseguía su triste historia.

—¿Y lo hizo?

—No, princesa Yara. No volví a verlo hasta hace poco, cuando me suministró una pócima humeante murmurando palabras que, en un primer momento, no entendí, aunque ahora creo que eran un sortilegio.

La princesa Samah negó imperceptiblemente con la cabeza y miró al sabio con atención. El hombre le devolvió la mirada, luego bajó los ojos y continuó su relato.

—A partir de ese momento, no recuerdo nada. Solamente sé que desperté en el bosque atado y amordazado. Tenía la garganta muy seca, ardiendo, y las piernas casi paralizadas.

El hombre hizo una pausa, como si el recuerdo le produjera un dolor profundo.

—Antes de quedarme inconsciente, me dijo que mi coleóptero estaba en su poder, que yo era un pobre anciano inútil y que ya no me necesitaba.

—¡Qué ser tan cruel! —protestó Yara.

—Lo importante es que ahora estáis bien —lo consoló Samah—. Nosotras nos ocuparemos de todo. Y gracias por habernos contado la verdad. Nos habéis dado una información muy valiosa.

—Gracias a vos, princesa Samah. Y, por favor, id con cuidado. Ese hombre tiene mucho poder y es malvado.

Al cabo de unos instantes, las dos abandonaron la estancia del sabio. Había llegado el momento de despedirse de Jangalaliana.

46
¡Adiós, Jangalaliana!

La princesa Yara reunió a todos los habitantes de la corte en la sala del trono. No convocó a ningún representante de las otras tribus, pues no quería que cundiera el pánico en su reino. Esperaba volver muy pronto y prefería no alarmar a toda su gente. En cuanto a Vannak, hablaría con él más tarde, cuando estuvieran a solas. Sabía que no iba a ser una despedida fácil.

Como siempre hacía, se sentó en medio de su pueblo, dejando el trono vacío.

—Queridos amigos, os he mandado llamar para daros una noticia que, en principio, no os parecerá buena. Voy a marcharme con mi hermana Samah. No sé cuánto

tiempo estaré fuera, pero volveré, os doy mi palabra. Hasta entonces, el reino estará en vuestras manos. Ocupaos de todo durante mi ausencia.

Entre los presentes se alzaron muchos murmullos y cuchicheos. A nadie le gustaba la noticia. Todos estaban muy unidos a la princesa Yara.

—Os agradezco de todo corazón vuestro apoyo y os prometo que todo irá bien.

Sumati no pudo contener las lágrimas ante la personalidad fuerte y madura de su pequeña Yara. La princesa se acercó a ella.

—No llores, Sumati. Regresaré en un abrir y cerrar de ojos.

Samah sonrió al oír esa frase tan familiar. Era lo mismo que ella le había dicho a Kalea días atrás, cuando se separaron.

Sumati y Yara se abrazaron. La princesa se despidió de todos, uno a uno y se fue antes de que la emoción se impusiera a su temperamento orgulloso.

Cuando la princesa de los Bosques llegó a la aldea Nai-Lai, le dispensaron una acogida muy distinta a la de su primera visita, pocos días antes. Todos la saludaron con respeto y se ofrecieron a ayudarla. Las ansias belicosas de aquella tribu guerrera se habían calmado.

—Estoy buscando a Vannak —dijo ella.

—Os acompañaré, princesa —respondió una mujer menuda y alegre.

A los pocos pasos, Yara llegó a la cabaña donde vivía el jefe de la tribu. Se detuvo un instante en la puerta y lo llamó:

—¿Vannak?

El joven salió de la cabaña y, al verla, se le iluminó la cara.

—¿Cómo está tu madre? —preguntó la princesa Yara, que no quería hablarle en seguida del motivo de su visita.

—Mucho mejor. En parte es gracias a ti, Yara. Desde que te conozco, he empezado una nueva vida.

—Me alegro mucho —contestó, con una sonrisa dulce. Pensaba en cómo iba a decirle que se iba y en cómo reaccionaría él.

—Pero tú no has venido sólo a preguntarme por mi madre…

—Ven conmigo. Tenemos que hablar.

Yara se alejó de la cabaña y se adentró en el bosque. Oía sus pasos detrás. Sentía un peso en el corazón y las palabras que había pensado decir se resistían a salir y vagaban por su pensamiento.

De pronto, se detuvo y se volvió hacia él.

—Voy a marcharme, Vannak.

—¿Cuándo?

—En seguida, con Samah.

—¿Adónde vas?

—A Arcándida, en el Reino de los Hielos Eternos.

—¿Por qué, Yara?

—Ahora no puedo decírtelo. Tendría que explicarte muchas cosas y no hay tiempo. Solamente he venido a despedirme y a pedirte un favor.

—¿Cuál?

—Cuida del pueblo de los bosques durante mi ausencia. ¿Lo harás?

—Te lo prometo. Pero…

Con delicadeza, Yara le puso el dedo índice sobre los labios.

—No me hagas más preguntas. Confía en mí. Volveré pronto. No me olvides.

—No podría.

Vannak la estrechó entre sus brazos. Yara cerró los ojos y aquel abrazo fuerte y generoso la tranquilizó. Él le rozó con suavidad la mejilla y ella no pudo contener una lágrima, que cayó en la mano del joven. Permanecieron abrazados unos instantes, luego la princesa bajó

la mirada y, haciendo acopio de todas sus fuerzas, se alejó. Vannak la siguió con la mirada hasta que desapareció en el bosque. Sabía que no amaba a una chica normal, sino a una princesa, y la lágrima que le cayó en la mano le pareció lo más valioso que había poseído en su vida.

47
Una llegada turbulenta

Yara y Samah se alejaron de Jangalaliana con pasos lentos y resueltos.

—Qué difícil es todo esto, Samah —comentó la princesa de los Bosques. Echó un último vistazo melancólico y afectuoso al palacio.

De pronto, mientras se encaminaban al Lago Infinito, oyeron pasos detrás de ellas. Cuál no sería su sorpresa cuando, al volverse, vieron a Darany con un pequeño instrumento de cuerda en la mano.

—Disculpadme, princesas, no quería asustaros —dijo tímidamente.

—¡Darany! ¡Qué sorpresa! ¿Qué haces aquí? —preguntó Yara.

—He pensado que podría amenizar vuestra marcha con una melodía que he compuesto.

A ellas les gustó la idea.

—Te lo agradezco mucho, Darany. Ven con nosotras hasta el Lago Infinito y luego regresas.

—Así lo haré, princesas.

Las dos hermanas prosiguieron la marcha, seguidas de Darany, que iba tocando su música. Era una melodía alegre, muy animada. Yara recordó la cantidad de veladas al ritmo de la música que había vivido en Jangalaliana. Pronto volverían aquellos tiempos. Se prometió que así sería.

Las notas de Darany también alegraron a Samah. Rocadocre estaba muy lejos, pero la música tenía el poder de anular las distancias y hacía viajar con la mente. Por un momento, la princesa creyó estar en su adorada terraza, respirando el viento del desierto bajo el cielo estrellado.

Cuando estaban a punto de llegar al Lago Infinito, Darany concluyó su melodía e hizo una profunda reverencia.

—¡Buena suerte, princesas!

—Gracias, Darany. Hasta pronto.

—Princesa Samah, tenéis que llevaros esto. Así no olvidaréis Jangalaliana.

El músico sacó un estuche de madera de la bolsa que llevaba en bandolera. Contenía la pequeña flauta que Samah había tocado en la sala de música.

—Gracias, Darany. De no ser por vos, lo habría dejado en Jangalaliana. Ahora no pienso separarme de él, os lo prometo. Y su sonido siempre me recordará a vos.

Darany se despidió y las dos princesas llegaron, por fin, al lago. Se sumergieron en el agua dulce y templada, encontraron fácilmente el pasadizo y se metieron en el túnel que conducía a Arcándida.

~*~

«Esto será un paseo», pensó Samah, recordando lo mucho que le había costado encontrar Jangalaliana. Aunque recordaba algunos detalles del mapa del Reino de los Bosques, la ayuda de *Verdelj* fue crucial.

Tal como habían hecho Gunnar y Kalea antes que ellas, las princesas Yara y Samah nadaron en el interior del túnel, avanzaron a cuatro patas cuando el agua desapareció y anduvieron hacia la luz que veían al final de la galería.

Cuando salieron al aire libre, las recibió un viento helado que arrastraba enormes copos de nieve, formando

una gruesa cortina que no les dejaba ver nada, excepto un blanco absoluto y cegador.

Se encogieron y temblaron bajo sus ropas ligeras y mojadas por el agua del Lago Infinito.

—Samah, ¿tienes idea de dónde está el palacio?

—Me temo que no. Pero debemos andar, si no, nos congelaremos.

—Está bien —respondió Yara, protegiéndose el rostro como podía.

Era una tormenta de nieve en toda regla. El viento silbaba amenazante a su alrededor. No veían ningún lugar donde refugiarse, ni una roca, ningún sitio donde detenerse un rato. Sólo nieve, nieve y más nieve.

De pronto, Samah divisó una silueta blanca. Aguzó la vista, pero el temporal la impedía ver bien. Cuando logró distinguir qué era, deseó que se tratara de una especie de espejismo debido al frío, pues era un lobo enorme y majestuoso.

Samah cogió a Yara de la mano y decidió proseguir como si estuviera en el desierto, ignorando la falsa visión que tenía delante. Pero, según se aproximaban, la imagen del lobo era cada vez más real. ¿Qué podían hacer? El animal permanecía inmóvil y, cuando las dos princesas ya estaban muy cerca, las miró con ojos fie-

ros e inteligentes. Luego las sorprendió sentándose ante ellas.

—Samah, ¿ahora qué hacemos?

—¡Monta en la grupa, rápido!

Yara obedeció y luego montó Samah. Las dos hermanas pesaban poco y la grupa del lobo era ancha y robusta. El animal salió al trote, hundiendo las largas patas en la nieve.

En pocos minutos llegaron a un foso. Samah y Yara levantaron la cabeza. Ante ellas se erguían los tejados y las torres de Arcándida, envueltos en la tormenta.

El lobo se acercó al Foso Turbulento y, desde el otro lado, un puente levadizo bajó solo para que pudieran pasar. Tras cruzar el portón de la muralla, las princesas descendieron de la grupa del lobo y miraron en derredor. ¿Cuánto tiempo había pasado? Sin duda, demasiado para ellas. Recorrieron con la mirada los contornos del patio, los perfiles de los tejados, la torre de la biblioteca y todo volvió a su mente, como sucede con los recuerdos encerrados durante mucho tiempo en los cajones de la memoria.

—Será mejor que entremos —propuso Samah.

Yara asintió.

—Gracias, nos has salvado la vida —le dijo la princesa de los Bosques al lobo. El animal inclinó la cabeza y se alejó.

Samah y Yara avanzaron hacia el portón. Estaba cerrado. Entonces Samah recordó que su madre siempre escondía la llave bajo una piedra de la entrada. Tal vez después de tanto tiempo y de todo lo ocurrido, la llave no estuviera allí, pero merecía la pena intentarlo. Además, era un escondite que únicamente conocía la fami-

lia. Sólo debía encontrarla entre la nieve... Samah intentó recordar el punto exacto y luego empezó a cavar.

—¿Qué haces? —le preguntó Yara, sorprendida.

—Espera y verás.

A los pocos segundos, Samah encontró la piedra y, debajo, la llave. La cogió con la satisfacción propia del arqueólogo que acaba de descubrir una pieza importante.

La llave era grande y pesada, con dos cristales de hielo a modo de empuñadura.

—¡Genial! —exclamó Yara—. Esperemos que no hayan cambiado la cerradura.

Samah fulminó a su hermana con la mirada, metió la llave y le dio una vuelta. La cerradura cedió y entraron en la majestuosa Entrada de Latón de Arcándida.

48
Reunión familiar

El vestíbulo era grande y silencioso. Los ruidos de la tormenta quedaron al otro lado del portón. Sólo entraba la luz exterior que las paredes de hielo dejaban pasar, lo que daba al ambiente un tono azulado.

Las dos princesas miraron a su alrededor con admiración. Era todo muy distinto a lo que estaban acostumbradas a ver, pero había algo familiar que las hacía sentir como en casa.

Se acercaron a la escalera. Samah recordó un episodio sucedido años atrás, cuando los peldaños estaban cubiertos con una preciosa alfombra azul cielo. Ella tenía unos cuatro años, pero ya le encantaban las estrellas y

sus historias. Curioseando por la casa, encontró papel dorado, lo cogió y, con infinita paciencia, recortó cientos de estrellas, pequeñas y grandes. De noche, cuando nadie podía verla, las pegó a la alfombra y creó su pequeña constelación. Sonrió al recordar su pequeña travesura y también se acordó de que nadie la regañó, porque, como dijo su madre, lo que había hecho tenía la poesía del cielo.

En cambio, Yara era muy pequeña cuando la llevaron a Jangalaliana y no podía tener recuerdos nítidos de Arcándida. Con todo, al cruzar el umbral del palacio de hielo, tuvo la sensación de que siempre había vivido allí. «Cuando existe un vínculo tan fuerte como el que yo tengo con mis estimadas hermanas, es posible compartir emociones y sentimientos más allá de las distancias», pensó.

No había señales de vida en el pasillo, y las dos princesas decidieron subir al primer piso. Vieron que, desde una sala, se filtraba una luz que teñía las paredes de hielo de un cálido color ámbar.

—Parece un fuego —comentó Samah en voz baja, y Yara asintió—. Puede que haya alguien.

Las dos hermanas se asomaron a la puerta entreabierta. Se apartaron, convencidas de que veían mal, se frota-

ron los ojos, incrédulas, y volvieron a asomarse al salón. Esta vez no les cupo duda.

—¡Kalea! —dijo Samah.

La princesa se volvió rápidamente al oír una voz tan querida. Al ver a sus hermanas, corrió a su encuentro, impulsada por una alegría incontenible.

—¡Samah! ¡Yara! ¿Sois vosotras? ¡Qué alegría abrazaros!

Kalea no dejaba de repetir lo mismo y lloraba sin parar.

—¿Y el príncipe Gunnar? —preguntó Samah.

—Ha ido al Reino de la Oscuridad para detener al príncipe Sin Nombre y avisar a Diamante.

—¿Ha ido solo?

—Sí —asintió Kalea—, yo estoy aquí de guardia.

Todas desearon que al príncipe no le ocurriera nada malo. Y, tras la emoción por haber encontrado a su adorada her-

mana, Yara y Samah miraron hacia la corte congelada, que estaba detrás de Kalea. Junto al enorme bloque de hielo, había otras dos personas, un joven y un hombre más maduro.

—Bienvenidas, princesas —las saludó el bibliotecario—. No sé si me recordáis…

—Haldorr —dijo Samah—. ¡Claro que me acuerdo! ¿Qué ha ocurrido aquí? ¡Es terrible! —añadió, acercándose al hielo.

Yara también quiso verlo de cerca. En el bloque duro y transparente vio los rostros de hombres, mujeres, dos niñas, pingüinos y…

—Ésa es nuestra hermana Nives… ¡Oh, no! —exclamó Yara—. Ha sido el príncipe Sin Nombre, ¿verdad? ¡Tenemos que encontrarlo! ¡Pagará por lo que ha hecho!

—No, Yara. Debemos pararle los pies, eso sí. Pero la venganza, tarde o temprano, se vuelve contra quien la ejecuta.

—Oh, Kalea, no has cambiado nada. Ahora hay que luchar, no escribir poesía.

—Yara, quizá Kalea tenga razón —dijo Samah—. Frena tu temperamento impulsivo, no servirá de nada.

—¡Yo estoy de acuerdo con ella!

—¡Purotu! —lo regañó Kalea.

—¿Y tú quién eres? —preguntó Yara.

—Mi nombre es Purotu y soy el hermano de la princesa Kalea —explicó él, guiñándole un ojo a la princesa de los Bosques.

—¿Dices, hermano? ¿Pero desde cuándo tenemos un hermano?

—En realidad, querida hermana, tenemos dos —respondió Kalea—. Pero es una larga historia y ahora tenemos que ocuparnos de asuntos más urgentes.

—Sí, debemos capturar al príncipe y ponerlo en su sitio —respondió Samah—. ¡A él y a su maldita sed de venganza!

—¡Bien dicho!

Haldorr no dijo nada. La llegada de Yara y Samah lo había interrumpido, y sólo esperaba el momento oportuno para explicarles cómo salvar a la corte dormida de Arcándida.

49

La única solución

El aire era más cálido en la sala del primer piso de Arcándida y no era sólo por el fuego. Entre aquellas paredes volvían a sonar risas y voces, como en los viejos tiempos. Las llamas crepitaban en la chimenea y proyectaban su luz en los rostros de los presentes.

—¿Qué es ese libro blanco? —preguntó Yara, siempre curiosa.

Haldorr dio un paso adelante y les habló a las recién llegadas de los cinco libros.

—Es una historia increíble. ¿Vosotras la conocíais?

—No, Yara. Nuestro padre sólo le confió el secreto a Haldorr —explicó Kalea.

El bibliotecario aprovechó la ocasión para decir lo que quería.

—Como le estaba diciendo antes a vuestra hermana, en las páginas de este libro está la solución a nuestro problema. Pero tenéis que decidir vosotras, princesas, y estar de acuerdo, porque el remedio que voy a proponeros comporta muchos riesgos.

—Está bien, Haldorr, hablad —lo exhortó Samah.

Todas se dispusieron a escuchar con la máxima atención.

—Debo aclarar algo. En contra de lo que pueda parecer, el hielo no es todo igual. Hay un tipo de hielo que, al igual que los seres, tiene vida propia, crece, se hace más denso y se derrite. Ése es el hielo normal. Pero hay otros tipos creados con magia. En tales casos, para derretirlos hace falta algo distinto, porque se trata de hielos perennes.

Todos se quedaron perplejos al oír esa palabra.

—¿Perennes? —repitió Yara—. ¿Y eso qué significa?

—Significa que, si no los derriten a tiempo, llegan a ser tan duros y gruesos que duran eternamente.

—¡Es terrible! ¿Y creéis que nuestra corte está encerrada en ese tipo de hielo?

—Lamentablemente, sí, princesa Yara. ¿Veis esas líneas azules que se han formado en algunos puntos? In-

dican que, allí, el hielo ya casi es perenne. Cuando el bloque esté completamente azul, no podremos hacer nada para salvar a los que están dentro.

—¿Queréis decir que cada vez tenemos menos tiempo? —intervino Purotu.

—Exacto, chico.

—¿Y qué podemos hacer para romper el horrible hechizo? —preguntó Samah.

—Hay que bajar al Reino de la Oscuridad. Ahí está la solución.

—Explicaos mejor —le pidió Kalea.

—En el Reino de la Oscuridad está el calor más fuerte de la tierra, el único capaz de neutralizar el hechizo del hielo perenne.

—Seguid, Haldorr.

—Según el libro, la única forma de derretir el hielo que aprisiona a la princesa Nives y a su corte antes de que sea tarde es soltar la enorme cantidad de calor que hay en el centro de la tierra.

—¿Y dónde está? —dijo Yara, con un criterio muy práctico.

—Aquí viene la parte difícil. El calor está encerrado en una celda que se encuentra en una rama abandonada del reino. ¿Conocéis la estructura del Reino de la Oscuridad?

Al ver que nadie la conocía, Haldorr se explicó mejor.

—Hay kilómetros de galerías excavadas en la roca, un auténtico laberinto. Hay que encontrar la galería número 0, la primera que se construyó y la única que nadie utiliza ahora, porque ahí está la puerta de acceso a la celda, llamada Cueva del Fuego Final.

—¡Increíble! —exclamó Yara, imaginando una fantástica aventura.

—Sí, pero entrar no es fácil. Para proteger semejante poder, vuestro padre ideó un sistema complejo, que consiste en tres pruebas que deben superarse. En la puerta hay escrita una adivinanza, cuya respuesta debe trazarse con un palo en el suelo, delante de la misma puerta.

—Supongo que para nosotras, las princesas, no será muy difícil —dijo Yara.

—Si la respuesta es correcta, en el suelo se abre una trampilla que da acceso al nivel inferior. Allí hay seis puertas y sólo una conduce al camino adecuado.

—¿Y las demás adónde llevan? —preguntó Kalea.

—Es mejor que no lo sepáis. El caso es que, si elegís la puerta correcta, llegaréis a un largo pasillo, al final del cual hay un acceso a la cueva.

—Pero habéis dicho que hay tres pruebas —objetó Purotu—, o sea que falta una.

—Exacto. El guardián de la última puerta es Milcolmillos, un milpiés enorme, de boca hambrienta, que devora todo lo que ve.

—¿Y qué podemos hacer para derrotarlo? —preguntó Yara.

—Es imposible. Pero es probable hacerle un regalo. A Milcolmillos le encanta un tubérculo que sólo crece en el Reino de la Oscuridad. Si le lleváis uno, os será fácil entrar en la cueva. Pero si alguien se acerca con las manos vacías, ya podéis imaginar…

—Toda esta información nos va a ser muy útil —comentó Samah—. Ahora debemos tomar una decisión: ¿quién irá al Reino de la Oscuridad?

—¡Iré yo! —exclamó Yara sin vacilar.

—Yo iré contigo —dijo Purotu.

—Esperad un momento. En el Reino de la Oscuridad ya está Gunnar.

—Y tal vez Helgi —añadió el bibliotecario.

—¿Cómo? ¿Helgi no está aquí?

—No, Samah —respondió Kalea—. Ha desaparecido.

—El asunto se complica —comentó Yara.

—Creo que solamente debe ir una de nosotras —opinó Samah—. Cuando el hielo se derrita, aquí necesitaremos ayuda.

Las tres hermanas se lanzaron miradas interrogativas.

—¿Lo echamos a suertes? —propuso Yara, a quien le gustaba jugar con el destino, como ya había demostrado.

—Bien, me parece buena idea —contestó Kalea.

—A mí también —concluyó Samah.

50
La última despedida

Por indicación de Kalea, Yara subió a la cocina y cogió tres ramas de vainilla que Arla y Erla, las cocineras de la corte, guardaban en un tarro de cristal colocado sobre un repisa. ¡La de platos exquisitos que habrían preparado entre todas aquellas paredes!

Le habría gustado curiosear un poco, pero no había tiempo que perder. Bajó la escalera de prisa y volvió con los demás. Le dio las tres ramas a Haldorr para que las preparase y se concentró en la extracción.

—¿Tienes muchas ganas de ir? —le preguntó Purotu.

En los ojos del chico, Yara vio la misma sed de aventura y acción que tenía ella.

—Sí, Purotu. Aquí me sentiría inútil. Ese hombre, el príncipe Sin Nombre, ¡sentirá la punta de mis flechas! —añadió y asió la cinta del carcaj que llevaba colgado al hombro.

Purotu sonrió. Acababa de descubrir que tenía una hermana muy semejante a él. Estaba segurísimo de que vivirían apasionantes aventuras juntos.

—¿Estáis listas, princesas? —preguntó Haldorr, sosteniendo las ramas de vainilla.

Las tres hermanas las miraron, como si pudieran adivinar cuál era la más corta.

El bibliotecario acercó su mano a la de Samah, y ésta sacó una rama; después, llegó el turno de Kalea, que hizo lo mismo y, por último, Yara.

Cuando las tres hermanas tuvieron la rama de vainilla en la mano, se aproximaron para compararlas.

—¡Síííí! ¡He ganado! —exclamó Yara.

Su rama era la más corta, de modo que debía ir al Reino de la Oscuridad.

—¿Te ves con fuerzas, seguro? —inquirió Samah, perpleja.

—¡Por supuesto! He afrontado la guerra en mi reino, estoy bien entrenada y he adiestrado animales feroces. Estoy a la altura de la misión.

Pensó en su pantera *Lalima*; le habría encantado tenerla a su lado en aquel momento.

—Está bien. Confío en ti —dijo Samah.

—Yo también, Yara, pero ten mucho cuidado —le aconsejó con dulzura Kalea.

—No os preocupéis, todo saldrá bien.

~*~

Todos se pusieron capas de lana gruesa. Fuera casi era de noche y el viento no cesaba.

—¿Estás segura de que quieres marcharte ahora?

—Sí, Kalea. No hay tiempo que perder —respondió Yara—. El hielo se está transformando lentamente en una prisión eterna.

—Bien, vamos —dijo Haldorr y abrió el camino hacia el exterior del palacio.

Anduvieron por el patio hasta el portón. Purotu, Kalea, Samah y Yara seguían al bibliotecario llenos de esperanza. A todos se les encogía el corazón, aunque por motivos distintos: a Purotu, porque le habría gustado ir

al Reino de la Oscuridad; a Kalea, porque sufría por la enésima separación y por Nives, que seguía encerrada; a Samah, porque no quería que le sucediera nada malo a Yara; a esta última, porque sentía sobre sí toda la responsabilidad de salvar Arcándida y los Cinco Reinos. A pesar de las preocupaciones, los cinco corazones latían juntos, unidos por el afecto y las ganas de detener de una vez por todas al príncipe Sin Nombre.

Cuando llegaron al puente levadizo, todos se asomaron para ver el Foso Turbulento.

Desde aquella altura daba miedo; no se veía nada, solamente una densa niebla que lo borraba todo.

Los copos de nieve, arrastrados por el fuerte viento, golpeaban sus rostros como si quisieran mantenerlos despiertos, recordarles que vivían un momento real y dramático.

—¿Qué hay ahí abajo? —preguntó Yara, visiblemente nerviosa.

—Dicen que no hay fondo, pero no existe ningún peligro para vos, princesa. Cuando os tiréis, el pasadizo mágico os conducirá directamente al Reino de la Oscuridad.

Las palabras de Haldorr la reconfortaron. Aunque el salto al vacío era una dura prueba para su valentía y su sangre fría.

—Ten cuidado, Yara —dijeron sus hermanas a coro, estremeciéndose bajo sus capas.

Tras un largo abrazo, la princesa de los Bosques se acercó a la barandilla del puente, la saltó y, sin mirar atrás, se lanzó al vacío. Y el vacío la acogió antes de que sus seres queridos la vieran desaparecer.

¿Y esas caras de susto? ¿Os estáis preguntando si tendríais valor para saltar desde semejante puente? ¡Qué gran pregunta! Que levante la mano quien crea que habría saltado. ¿Nadie? Os comprendo. En la historia, las princesas pueden cruzar el pasadizo con la certeza de que no les ocurrirá nada. En cambio, nosotros sólo podemos esperar que todo vaya bien.

Desde luego, Yara ha sido muy valiente, pero es que ella es así, impulsiva y resuelta. Los demás se han quedado en Arcándida y estoy segura de que vivirán momentos difíciles. Además, ¿imagináis qué sucederá si el calor de la tierra sale del lugar donde está encerrado?

Yara necesitará ayuda y la obtendrá de su hermana Diamante, la princesa del Reino de la Oscuridad. Ella sabe dónde está el tubérculo que tanto le gusta a Milcolmillos. Pero mejor que no se lo diga a nadie, al menos a nadie que tenga malas intenciones. Como, por ejemplo, el príncipe Sin Nombre.

No quiero desvelar más. Sólo que el Reino de la Oscuridad es un lugar misterioso, al cual sólo han ido unos pocos valientes, atraídos por sus famosas Minas de Sal. Por ejemplo, ¿recordáis a Rubin Blue? Si la memoria no me falla, él conoce las minas como la palma de su mano.

¿Y Gunnar? Es fuerte y valiente. No os preocupéis por él, estoy segura de que habrá salido indemne del salto al vacío. Más bien debemos preguntarnos qué habrá encontrado el príncipe de los Hielos Eternos. ¿Habrá localizado a Helgi y habrá podido avisar a Diamante del peligro inminente?

Para saber todo esto, tendréis que saltar la barandilla del puente de Arcándida. Sí, lo habéis entendido bien: la única forma de llegar al lugar más profundo de los Cinco Reinos es lanzarse al Foso Turbulento. No tengáis miedo, dadme la mano y recordad que el secreto es no mirar hacia abajo. Además, sólo veríais niebla.

Ataos con fuerza la capa alrededor del cuello y cerrad los ojos. Ya os diré cuándo podéis abrirlos.

¿Listos? ¡Ya!

Perfecto. Ahora abrid los ojos.

¿No veis nada?

Es normal. ¡Bienvenidos al Reino de la Oscuridad!

Tea Stilton

Índice

Segunda parte

Roca
del Sueñ
Isla
Errante
AD

EINO
Fuerte
de los Reyes
REINO
DE LOS BOSQUES
REINO D
LA OSCURID